Luiz Carlos Martins Loyola Filho

RECURSOS TECNOLÓ- GICOS PARA PRODUÇÃO MUSICAL

SÉRIE ALMA DA MÚSICA

Rua Clara Vendramin, 58 . Mossunguê
CEP 81200-170 . Curitiba . PR . Brasil
Fone: (41) 2106-4170
www.intersaberes.com
editora@intersaberes.com

Conselho editorial
Dr. Alexandre Coutinho Pagliarini
Drª Elena Godoy
Dr. Neri dos Santos
Mª Maria Lúcia Prado Sabatella

Editora-chefe
Lindsay Azambuja

Gerente editorial
Ariadne Nunes Wenger

Assistente editorial
Daniela Viroli Pereira Pinto

Preparação de originais
Gilberto Girardello Filho

Edição de texto
Monique Francis Fagundes Gonçalves
Palavra do Editor
Tiago Krelling Marinaska

Capa e projeto gráfico
Charles L. da Silva (*design*)
dimair/Shutterstock (imagem)

Diagramação
Kátia Priscila Irokawa

***Designer* responsável**
Charles L. da Silva

Iconografia
Regina Claudia Cruz Prestes
Sandra Lopis da Silveira

Dados Internacionais de Catalogação na Publicação (CIP)
(Câmara Brasileira do Livro, SP, Brasil)

Loyola Filho, Luiz Carlos Martins
    Recursos tecnológicos para produção musical / Luiz Carlos Martins Loyola Filho. -- Curitiba, PR : Editora Intersaberes, 2023. -- (Série alma da música)

    Bibliografia.
    ISBN 978-85-227-0541-2

    1. Música - Estudo e ensino 2. Música - Produção I. Título. II. Série.

23-151868   CDD-780.981

Índices para catálogo sistemático:
1. Produção musical : Música   780.981
Eliane de Freitas Leite - Bibliotecária - CRB 8/8415

1ª edição, 2023.

Foi feito o depósito legal.

Informamos que é de inteira responsabilidade do autor a emissão de conceitos.

Nenhuma parte desta publicação poderá ser reproduzida por qualquer meio ou forma sem a prévia autorização da Editora InterSaberes.

A violação dos direitos autorais é crime estabelecido na Lei n. 9.610/1998 e punido pelo art. 184 do Código Penal.

SUMÁRIO

6 Dedicatória
8 Agradecimentos
10 Apresentação
13 Como aproveitar ao máximo este livro

Capítulo 1
17 A acústica e a produção musical

18 1.1 Acústica
20 1.2 Som
32 1.3 Produção musical
36 1.4 Princípios da acústica aplicados à produção musical
40 1.5 Fenômenos de propagação do som
47 1.6 Analógico e digital
53 1.7 Tecnologia MIDI
56 1.8 Acústica de salas

Capítulo 2
72 Equipamentos de áudio para sonorização ao vivo

74 2.1 Captação de áudio
77 2.2 Condução de sinais de áudio

DEDICATÓRIA

Dedico esta obra a Deus (que habita em mim), a mim mesmo e a você que está lendo. Desde criança eu ressoo com músicas, ritmos, eventos sequenciais e simultâneos. Você se identifica com isso? Toda criação é musical e bela.

Música é a matemática audível, assim como a geometria é a matemática visível. A cimática é o som/a música visível por meio de padrões geométricos, e ela nos traz pistas muito claras de como o universo opera.

Obrigado, Chladni, Lissajous e tantos outros. Como disse Nicola Tesla (2023), "se você quiser descobrir os segredos do universo, pense em termos de energia, frequência e vibração", o que corrobora a terceira lei hermética: "nada está em repouso, tudo se move, tudo vibra" (Vieira; Micales, 2019).

Ainda, a quinta lei hermética, a lei do ritmo, estabelece que "tudo tem fluxo e refluxo; tudo, em suas marés; tudo sobe e desce; tudo se manifesta por oscilações compensadas; a medida do movimento à direita é a medida do movimento à esquerda; o ritmo é a compensação" (Trismegisto, 2023).

Reitero a afirmação de que toda criação é musical, pois tudo está vibrando e tudo tem ritmo. Para mim, o objetivo de toda música é ser a mais bela possível. Não mantém um padrão determinado, mas é bela no contexto em que é criada e naquele em que será apreciada.

A produção musical é a ciência da beleza audível. Trabalhamos com estética. Mas reflita sobre a beleza da obra que está criando. Ela reflete os valores belos da humanidade? Está criando ou destruindo o que é belo?

Escrevi este livro para que você possa conhecer um pouco dos recursos que existem para criar beleza com som. Sabe o que também é muito belo? O fato de haver pessoas que acreditam e que amam música, que não desistem de trabalhar com o que amam, apesar da visão errônea de que ser músico significa não ter uma profissão ou, ainda, de que se trata de um ofício sem futuro. Não dê ouvidos a essa bobagem. Ouço isso há anos e sempre "tive futuro". Certamente, você também tem.

AGRADECIMENTOS

Agradeço a Deus (que habita em mim) e a mim. Aos meus pais, por todo o apoio que me deram, especialmente ao longo da escrita deste livro. Ao professor Alysson Siqueira, por confiar em meu trabalho. Por fim, aos responsáveis da Editora InterSaberes, pelo convite para a produção deste livro.

*Respondeu-lhe Jesus: Eu sou o caminho,
e a verdade, e a vida (Bíblia, 2002, João, 14:6).*

APRESENTAÇÃO

Para o desenvolvimento desta obra, fiz um levantamento apurado sobre o tema em português e percebi que não há um compilado atualizado que aborde tamanha quantidade e variedade de recursos com profundidade, incluindo aspectos históricos, os quais proporcionam maior imersão e compreensão.

Estudar para escrever este livro me propiciou muito embasamento teórico e constituiu-se em um processo de conscientização e estruturação de todo o conhecimento prático adquirido ao longo de mais de 20 anos atuando como músico, professor de música e produtor musical. Essa é uma base que recomendo a todo músico e produtor musical. Você saberá os fundamentos para atuar com a maioria das vertentes musicais e de produção. E, se você já atua nessas áreas, esse conhecimento poderá fazer com que sua prática seja ainda mais consciente, ampliando sua autonomia profissional.

À primeira vista, a ordem dos temas dos capítulos poderá parecer incoerente, pelo fato de que são vários conteúdos aparentemente desconexos. Contudo, durante a leitura, você perceberá que as temáticas contempladas compõem a base para muitos desdobramentos referentes à área de produção musical, tanto histórica como conceitualmente, acompanhando a evolução das tecnologias nas técnicas de gravação e mixagem, por exemplo. Mas, embora trate de muitas ferramentas e técnicas, esta não é uma obra especializada em gravação de áudio nem em mixagem, ainda que, certamente, você possa retirar contribuições substanciais acerca desses temas.

Este livro está dividido em seis capítulos. No Capítulo 1, a abordagem terá como foco a acústica e a produção musical, considerando-se os principais fenômenos acústicos, como o envelope dinâmico e a propagação do som, que fazem parte da experiência da prática e da apreciação musicais. Em seguida, serão caracterizadas as tecnologias analógicas, digitais e MIDI, finalizando-se com o tratamento acústico.

No Capítulo 2, a discussão será centrada nos equipamentos de áudio para sonorização ao vivo, abrangendo a captação, a transmissão, a mixagem/o processamento e a saída de áudio. A compreensão do fluxo de sinal e do funcionamento de cada item é essencial tanto para eventos musicais ao vivo como para gravações. Também serão apresentados diversos periféricos, entre eles os que são utilizados para o processamento do som, como equalizadores, compressores e *reverbs*.

No Capítulo 3, serão enfocados conteúdos relativos aos equipamentos de áudio para gravação e suas especificidades. Alguns *hardwares* e *softwares* serão apresentados e explicados, além de sugestões para compor um *setup* inicial para gravação.

Em seguida, no Capítulo 4, serão examinadas as características, as funcionalidades e as operações possíveis referentes às *digital audio workstations* (DAWs), ou estações de trabalho de áudio digital. Nesse sentido, serão listadas e caracterizadas as principais DAWs atualmente presentes no mercado.

O Capítulo 5 tratará das ferramentas para equalização e ambiência, as quais simulam a tridimensionalidade do som. Serão abordados os processamentos de equalização e reverberação, além de sugestões para compor um setup inicial para produção e gravação.

Por fim, no Capítulo 6, serão apresentados outros *softwares* referentes à criação e à produção musical, tais como *plugins*, instrumentos virtuais, editores de áudio e de partitura e, ainda, *softwares* para a produção de um vídeo musical.

Boa leitura!

COMO APROVEITAR AO MÁXIMO ESTE LIVRO

Empregamos nesta obra recursos que visam enriquecer seu aprendizado, facilitar a compreensão dos conteúdos e tornar a leitura mais dinâmica. Conheça a seguir cada uma dessas ferramentas e saiba como estão distribuídas no decorrer deste livro para bem aproveitá-las.

Introdução

Logo na abertura do capítulo, informamos os temas de estudo e os objetivos de aprendizagem que serão nele abrangidos, fazendo considerações preliminares sobre as temáticas em foco.

Em alto e bom som!

Algumas das informações centrais para a compreensão da obra aparecem nesta seção. Aproveite para refletir sobre os conteúdos apresentados.

Só as melhores

Para ampliar seu repertório, indicamos conteúdos de diferentes naturezas que ensejam a reflexão sobre os assuntos estudados e contribuem para seu processo de aprendizagem.

Resumo da ópera

Ao final de cada capítulo, relacionamos as principais informações nele abordadas a fim de que você avalie as conclusões a que chegou, confirmando-as ou redefinindo-as.

Teste de som

Apresentamos estas questões objetivas para que você verifique o grau de assimilação dos conceitos examinados, motivando-se a progredir em seus estudos.

Treinando o repertório

Aqui apresentamos questões que aproximam conhecimentos teóricos e práticos a fim de que você analise criticamente determinado assunto.

Bibliografia comentada

Nesta seção, comentamos algumas obras de referência para o estudo dos temas examinados ao longo do livro.

Capítulo 1
A ACÚSTICA E A PRODUÇÃO MUSICAL

Muitas são as possíveis atribuições de um produtor musical. No que tange ao estúdio ou local de gravação, bem como às decisões criativas e estéticas para a criação do conteúdo musical, é essencial que esse profissional domine, entre muitos conhecimentos, os relativos aos princípios da acústica, para aplicá-los à produção musical. Na sequência deste capítulo, apresentaremos os princípios da acústica aplicados à produção musical, os fenômenos de propagação do som, as diferenças entre o analógico e o digital, a tecnologia MIDI e, por fim, o tratamento acústico.

1.1 Acústica

A palavra *acústica*, que vem do grego *akoustikos* (pertinente ao som), diz respeito à ciência do som, incluindo sua geração (fonte sonora), sua transmissão e seus efeitos (que ocorrem nos meios de propagação). De acordo com Bistafa (2018), a abordagem mais elementar da acústica é a chamada *acústica física fundamental*, que tem uma série de ramificações. São diferentes setores dos estudos acústicos, conforme mostra a Figura 1.1.

Figura 1.1 – Campos da acústica

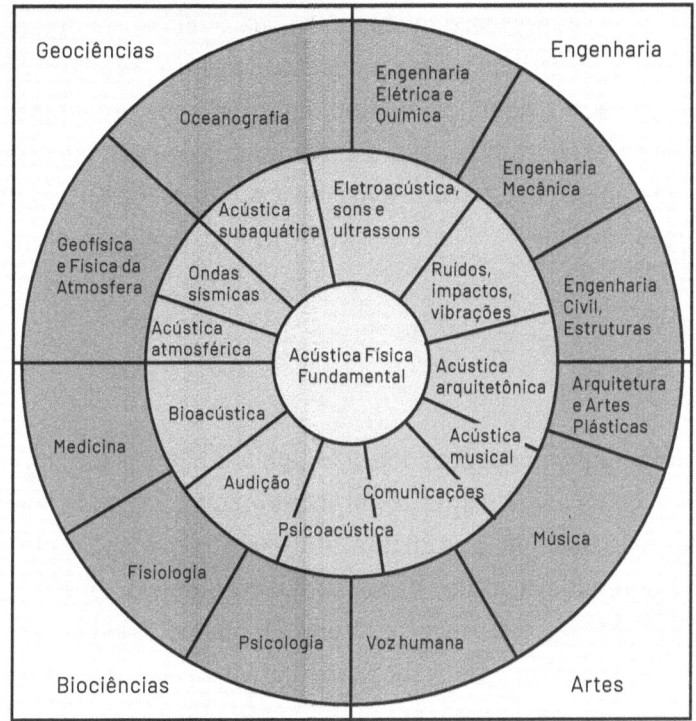

Fonte: Lindsay, 1964, citado por Bistafa, 2018, p. 6.

Ao longo desta obra, abordaremos alguns desses setores, como a acústica arquitetônica, também conhecida como *acústica de salas*. Brandão (2018) afirma que a acústica de salas trata do fenômeno tempo-espaço-frequência do som no interior de um ambiente. O autor acrescenta que essa ciência também busca adequar o ambiente ao seu uso principal. As implicações da acústica para a produção musical são objeto de estudo da acústica musical.

1.2 Som

Como mencionamos, a acústica diz respeito à ciência do som. Mas, afinal, o que é som? Som são vibrações (oscilações ou ciclos) no espectro de frequência de 20 Hz a 20 kHz (aproximadamente). Uma das características do som é, portanto, a **frequência**.

A frequência é medida em Hertz, unidade que indica as oscilações/ciclos por segundo. As frequências são geradas e, em seguida, transmitidas por um meio (geralmente, o ar). Então, chegam a um receptor (ouvido humano) e, finalmente, são interpretadas pelo cérebro.

A Figura 1.2, a seguir, demonstra as diferentes extensões do espectro audível em diferentes animais.

Figura 1.2 – Extensão auditiva em animais de laboratório

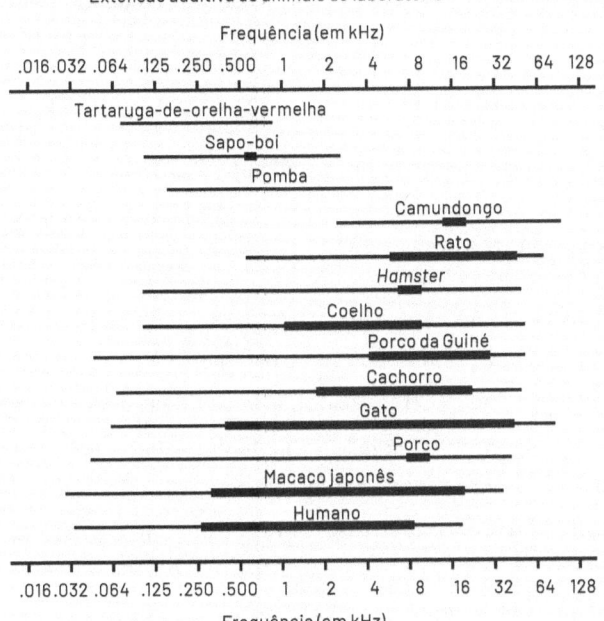

Fonte: Heffner; Heffner, 2007, p. 21, tradução nossa.

Analisando a figura, podemos perceber que a audição humana se inicia próximo aos 32 Hz (31 Hz) e termina um pouco acima dos 16 kHz (17,6 kHz, na realidade), isso porque é utilizada uma definição[1] diferente da comumente adotada (20 Hz a 20 kHz). Em resumo, essa

...
1 "Note que a faixa de audição humana é frequentemente declarada como '20 Hz a 20 kHz', que é a faixa nominal para humanos. No entanto, podemos ouvir frequências mais baixas [menores que 20 Hz] se a intensidade for suficientemente alta, e apenas o ouvido jovem que não foi danificado por doença ou som alto pode ouvir 20 kHz em qualquer intensidade. Para fins comparativos, a faixa de audição é geralmente dada como a faixa de frequências audível a um nível de 60 dB SPL. Usando-se essa definição, a faixa de audição para humanos é de 31 Hz a 17,6 kHz" (Heffner; Heffner, 2007, p. 20, tradução nossa).

definição considera apenas as frequências ouvidas com a intensidade de 60 dB de pressão sonora em condições de laboratório.

 Só as melhores

20Hz to 20kHz (Human Audio Spectrum). 2 out. 2012. Disponível em: <https://www.youtube.com/watch?v=qNf9nzvnd1k>. Acesso em: 3 abr. 2023.

Para melhor compreensão do assunto, recomendamos que você assista (e ouça) na íntegra ao vídeo indicado. Procure testar, com volume baixo, toda a extensão de sua capacidade auditiva em relação ao som de uma onda simples (senoide) que tem sua frequência aumentada progressivamente ao longo do vídeo. Também sugerimos que você realize esse teste antes de continuar a leitura.

Ao fazer o teste, você possivelmente perceberá que não conseguiu ouvir logo no início (aos 20 Hz) e também no final (aproximando-se dos 20 kHz), e isso se deve a alguns fatores.

O primeiro fator que precisamos considerar está relacionado à resposta de frequência (ou seja, à capacidade de reproduzir sons de diferentes frequências) de seu sistema de som – fone de ouvido, caixinhas de som/alto-falantes acoplados ou monitores. Muitos desses sistemas apresentam resposta de frequência com apenas uma fração do espectro audível. Por exemplo: se seus monitores só têm resposta de frequência a partir de 48 Hz até 20 kHz, você não ouvirá abaixo de 48 Hz, pois a tecnologia neles utilizada não permite. Experimente aumentar o volume no início do vídeo e observe se consegue ouvir essa faixa inicial de frequência.

Outro fator se refere à nossa extensão audível. Essa capacidade diminui de forma diretamente proporcional à idade, por conta de aspectos como o nível e o tempo de exposição à pressão sonora, a predisposição genética, doenças etc. Talvez você não ouça as frequências próximas dos 17 kHz porque possivelmente já têm mais de 20 anos, por exemplo. A esse respeito, veja a Figura 1.3.

Figura 1.3 – Perda auditiva em homens e mulheres de acordo com a idade

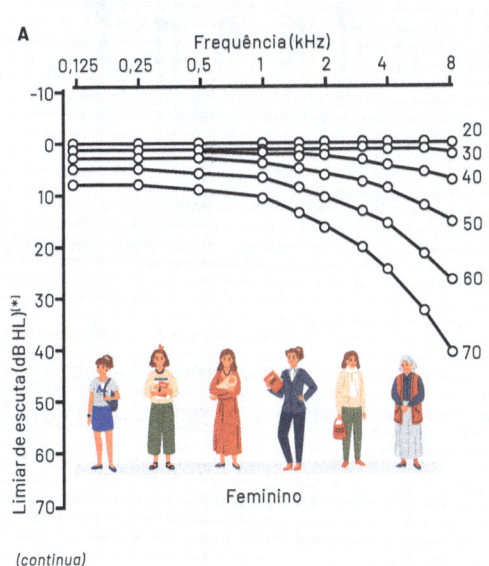

(continua)

(Figura 1.3 - conclusão)

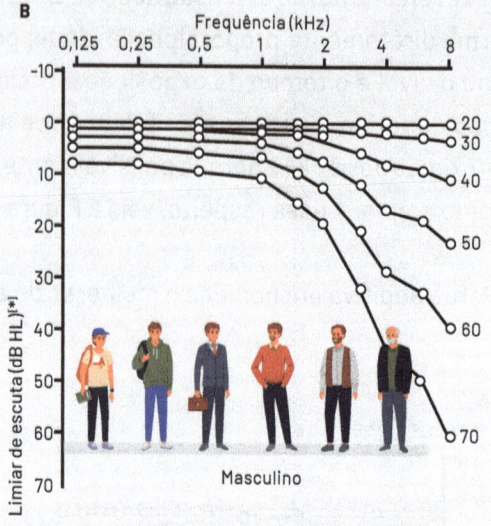

[*] HL – *hearing loss*: perda auditiva.

Fonte: Wang; Puel, 2020.

Na figura, vemos gráficos que mostram a perda da capacidade auditiva em homens e mulheres dos 20 aos 70 anos. O eixo horizontal mensura desde 125 Hz até 8 kHz, e o vertical mede a quantidade de decibels (dB) perdidos da capacidade auditiva. Porém, pela curvatura até os 8 kHz, podemos presumir que a perda auditiva se acentua progressivamente nas frequências que estão acima dessa faixa.

A idade interfere drasticamente na capacidade auditiva do espectro de frequências audíveis, especialmente as agudas. Por isso, todos nós temos de cuidar da saúde dos ouvidos, a fim de mitigar a perda de capacidade, pois esse problema pode ser agravado de acordo com o contexto em que o indivíduo está inserido. Profissões que envolvem o setor do áudio (músicos, técnicos de som, produtores musicais etc.) são alguns exemplos em que os contextos de trabalho oferecem riscos à saúde auditiva.

Outra característica importante do Som é a **intensidade**. Ao longo dos últimos parágrafos, talvez sem percebermos, estávamos falando dessa característica também.

A intensidade corresponde ao nível de pressão sonora (*sound pressure level* – SPL) de um som. Esse nível é medido em decibels (dB SPL). O nível mais baixo de pressão sonora é 0 dB SPL, e o Limiar da dor está por volta de 120 dB SPL.

Figura 1.4 – Fontes com diferentes níveis de pressão sonora

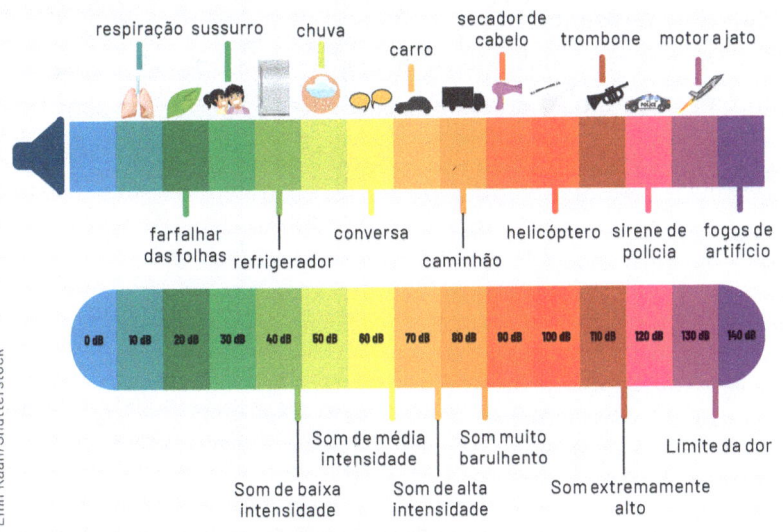

Emir Kaan/Shutterstock

Na Figura 1.4, perceba que a intensidade do som da respiração está na faixa de 10 dB (SPL), enquanto os fogos de artifício atingem 140 dB, além do limiar da dor. É necessário considerar que esse som perderá intensidade conforme a distância da fonte até o receptor. Assim, a imagem mostra em tons de alaranjado/vermelho os sons que qualquer pessoa, especialmente um produtor musical, deve evitar ou aos quais deve se expor somente depois de se proteger.

Além disso, é importante levar em conta que os Sons raramente são apenas ondas simples como as senoides, iguais às do vídeo indicado para seu teste de audição e que são as utilizadas para esse tipo de pesquisa. Geralmente, um som é formado por várias ou até infinitas ondas senoides.

Senoides são a "célula" de qualquer som. Na Figura 1.5, observe um espectrograma que indica as diferentes partes de um som.

Figura 1.5 – Partes do som

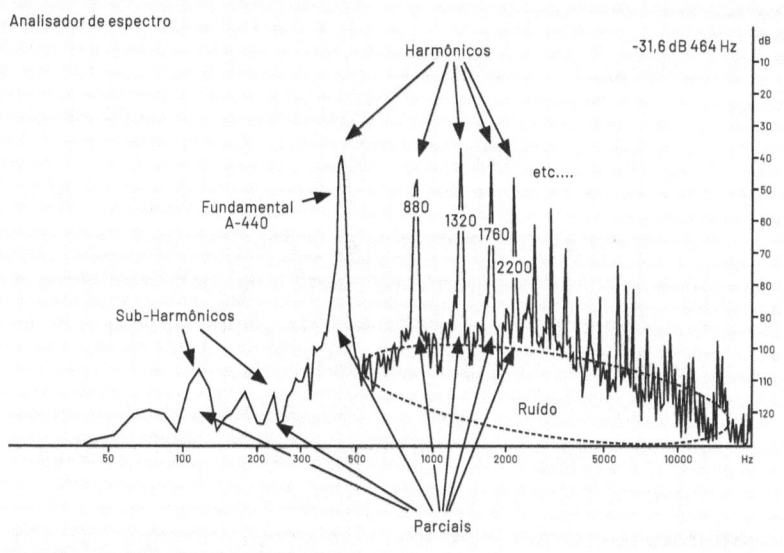

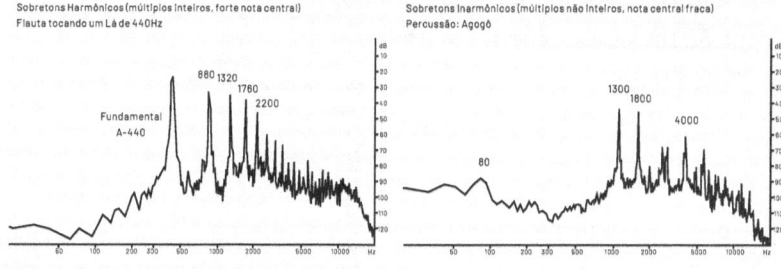

Fonte: Pejrolo; Metcalfe, 2017, p. 34-35.

Analisando a figura, podemos perceber que o som é formado por *partials* (parciais), que são:

I. **Harmônicos**, constituídos por:
   a) Frequência fundamental, ou 1º harmônico – no caso da imagem, um Lá de 440 Hz.
   b) Sobretons harmônicos: frequências múltiplas inteiras da fundamental. Se chamarmos a fundamental de f, os sobretons harmônicos serão 2f (2º harmônico), 3f (3º harmônico) e 4f (4º harmônico). Para f = 440 Hz, temos a sequência de harmônicos com 880, 1.320, 1.760 Hz etc.
   c) Sub-harmônicos: frequências harmônicas múltiplas inteiras que estão abaixo da fundamental (220, 110, 55 Hz para uma fundamental em 440 Hz, por exemplo).

II. **Sobretons inarmônicos**: frequências evidentes que não são múltiplas inteiras da fundamental (os 1.300 Hz não são múltiplos de 80 Hz, que é a fundamental).

III. **Ruído (*noise*)**: uma onda complexa com muitos sobretons, mas poucos (ou nenhum) harmônicos.

Portanto, o som de uma voz, de um instrumento, de um animal, de um objeto etc. basicamente é formado por diferentes combinações dos elementos citados. Esse conjunto de elementos particular de cada som é o que define o **timbre**. Por exemplo, podemos diferenciar os sons de um piano e de um violão, as vozes de diferentes pessoas ou uma onda senoide de uma onda dente de serra; isso se deve à estrutura harmônica de cada timbre.

Em alto e bom som!

Antes de avançarmos, precisamos considerar o que são ondas básicas. Ondas são formadas por picos e vales e se repetem a cada período. A maneira como as ondas oscilam entre picos e vales caracteriza sua forma. Existem infinitos tipos de onda, e as ondas básicas geralmente incluem, além da onda senoide, a triangular, a quadrada e a dente de serra. Todas elas são geradas por sintetizadores de som.

 Só as melhores

WHAT'S Synthesis and Sound Design? Part 1: Oscillators & Waveforms (Music Theory). 28 abr. 2020. Disponível em: <https://www.youtube.com/watch?v=qV10Gb-Dvao>. Acesso em: 3 abr. 2023.

Recomendamos que você assista ao vídeo indicado para perceber as diferenças entre as diferentes formas de onda básica.

A Figura 1.6, a seguir, mostra as formas de onda básicas.

Figura 1.6 – Ondas básicas

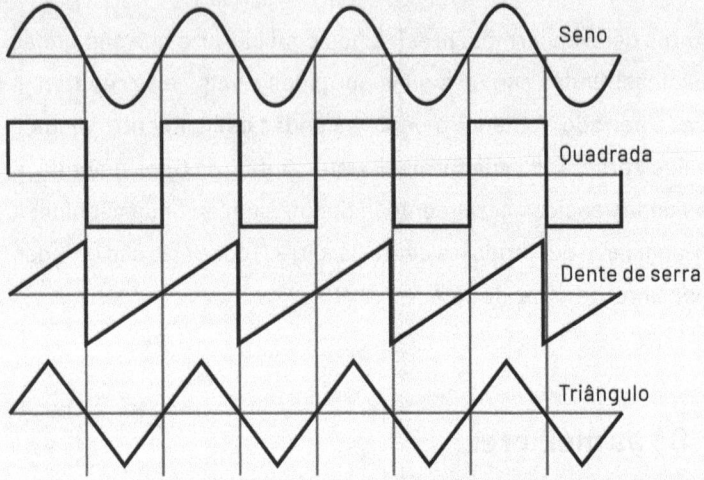

Fouad A. Saad/Shutterstock

Observe, nas Figuras 1.7 e 1.8, os espectrogramas nos quais podemos conferir a diferença entre o conteúdo harmônico de uma onda senoide e o de uma onda dente de serra.

Figura 1.7 – Onda senoide no espectrograma

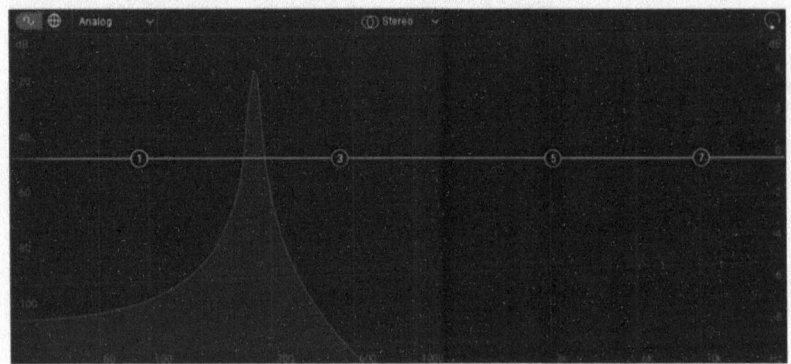

Fonte: iZotope, 2022.

Figura 1.8 – Onda dente de serra no espectrograma

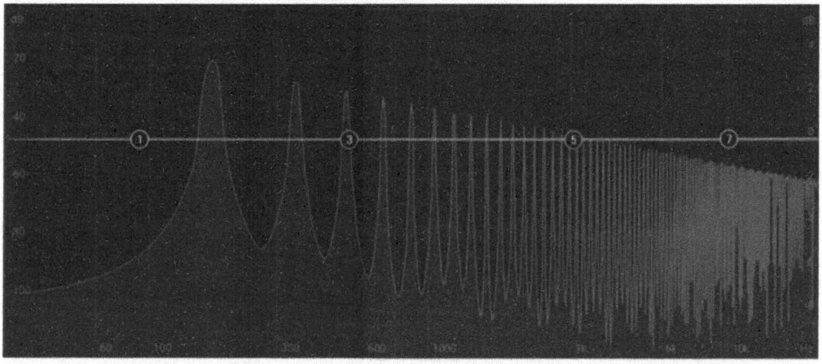

Fonte: iZotope, 2022.

A onda senoide apresenta apenas uma frequência, próxima dos 300 Hz, enquanto a onda dente de serra tem, além da frequência principal (primeiro pico no gráfico – aproximadamente 150 Hz), uma série de harmônicos com intensidades menores.

A última característica do som é a **duração**, o que é bastante razoável de se pensar, uma vez que o som deve soar durante tempo suficiente para que seja minimamente percebido. Para a produção musical, essa característica é muito importante e precisa (geralmente, medida em milissegundos).

Mais adiante neste livro, abordaremos assuntos como envelopes dinâmicos e compressores e veremos que as configurações dos parâmetros desses moduladores/processadores são, em sua maioria, relacionadas à duração do som.

Portanto, sabemos que **o som** é composto de **vibrações** que têm **frequência**, **intensidade**, **timbre** e **duração**. Logo, o produtor musical precisa conhecer esses aspectos profundamente e considerá-los a todo momento, pois denotam como funciona sua matéria-prima.

1.3 Produção musical

A produção musical é uma atividade cujo início, segundo Burgess (2014), coincide com a invenção da tecnologia de gravação. De acordo com o autor, o trabalho de lidar na intersecção entre a tecnologia, a arte e as pessoas inicialmente não era chamado de *produção musical*.

Burgess (2014) cita a Recording Academy[2] (Academia de Gravação), que, para referência na premiação do Grammy, definiu a função de produtor musical como a pessoa que tem controle criativo e técnico geral de todo o projeto de gravação e das sessões individuais que são parte desse projeto (Burgess, 2014).

O produtor está presente no estúdio de gravação ou no local de gravação e trabalha diretamente com o artista ou engenheiro. Além disso, toma decisões criativas e estéticas que corroboram os objetivos da gravadora e do artista na criação do conteúdo musical. Outras atribuições desse profissional são: manter orçamentos e agendas; cumprir os prazos; contratar músicos, cantores, estúdios e engenheiros, supervisionando outras necessidades de pessoal; e ser o responsável pela edição (em projetos clássicos) (Grammy, 2008).

Burgess (2014) acrescenta que os produtores musicais são compositores que consertam ideias e evidenciam qualidades timbrísticas e sutilezas de *performances* específicas. Ainda, o autor afirma que a produção musical une "composição, arranjo, orquestração,

...
2 "A Recording Academy é uma organização musical de músicos, produtores, engenheiros de gravação e outros profissionais fonográficos dedicados a melhorar a qualidade de vida e a condição cultural da música e de seus criadores"(Music, 2023, tradução nossa).

interpretação, improvisações, qualidades timbrísticas e *performance* em um sonoro completo e imutável" (Burgess, 2014, p. 1, tradução nossa).

> Pela minha experiência, posso atestar que o produtor deve ser capaz de criar, recriar e fazer releituras musicais. Em um dos trabalhos que já tive com aplicativos de música, pude compreender a importância de cada uma dessas abordagens.
>
> De 2018 a 2022, fui produtor musical de alguns dos maiores aplicativos de música do mundo. Esses *apps* tiveram mais de 100 milhões de *downloads* e contavam com uma grande e engajada comunidade, a qual, muitas vezes, era ouvida para a produção do conteúdo dos *apps*, algo muito saudável para qualquer empresa, especialmente para um segmento tão específico como o dos aplicativos de música.
>
> Inicialmente, a parte principal do meu trabalho era recriar as músicas de sucesso que eram pedidas pela comunidade. Essas músicas eram dos mais variados estilos, desde o *funk* carioca até a música orquestral, passando por *rock*, *electronic dance music* (EDM), entre outros. Considerando que havia diferentes aplicativos e contextos musicais (em particular, um aplicativo que emulava um *launchpad* em celulares e *tablets*), fui incumbido de criar releituras, especialmente de EDM e *dubstep*, de músicas solicitadas pelos usuários que formavam a comunidade dos aplicativos.
>
> Um exemplo foi *Señorita*, lançada em 2019, fruto da parceria dos cantores Camila Cabello e Shawn Mendes. É uma música romântica, lenta, com violões. Como trazê-la ao contexto de EDM para ser tocada em um *launchpad*?

> Esse é um dos tipos de problema que precisa ser resolvido pelo produtor musical. Essa abordagem (releitura ou *remix*) já é considerada um trabalho autoral – de composição –, mas o ponto de partida é um fonograma de uma composição preexistente, e o produto final ainda deverá conter elementos que caracterizam essa obra original.
>
> Acesse o *link* com o vídeo para conferir o resultado desse trabalho:
>
> SHAWN Mendes, Camila Cabello - Señorita (Barone REMIX) on SUPER PADS LIGHTS - KIT OOH LA LA LIGHTS. 4 ago. 2019. Disponível em: <https://www.youtube.com/watch?v=rzjg7K5dTcQ>. Acesso em: 3 abr. 2023.

O trabalho de criação autoral (não releitura) também pode ter um ponto de partida em uma música específica, porém o produto final tem de ser original, ou seja, não utilizar elementos que caracterizem outra obra – ou será plágio.

Recorrer a referências é uma prática comum e saudável, tanto para composição como para produção, mixagem ou masterização. No entanto, boa parte dos iniciantes em produção musical coloca o foco nessa abordagem, negligenciando as demais.

Consideramos que todos os produtores, especialmente os iniciantes, devem fazer *remakes*. Essa é a melhor estratégia de aprendizado, pois consiste na forma mais objetiva para desenvolver habilidades, tanto musicais e técnicas como perceptivas/auditivas.

Outra habilidade que pode ser requerida de um produtor musical, a depender do contexto do trabalho, é a criação de músicas não lineares. Certas mídias, como os *games*, apresentam essa característica de não linearidade, ou seja, de algo que não acontece com forma e tempo preestabelecidos. Isso significa que um jogador pode levar mais tempo para terminar determinada parte de uma fase e menos tempo em outra, por exemplo.

Por isso, a trilha precisa se adaptar à temporalidade e à qualidade da experiência do jogador ou usuário, assim como os efeitos sonoros e os *voice-overs* (narrações ou falas). Tanto a trilha como os efeitos se repetem ao longo do jogo, contudo existem técnicas de composição e produção que tornam essas repetições praticamente imperceptíveis. Tais técnicas transmitem a sensação de continuidade (no caso de trilhas) e de aleatoriedade (em relação aos efeitos).

Este livro apresentará muitos recursos tecnológicos, *hardwares* e *softwares*. Entretanto, desde já é importante mencionar que o *hardware* mais importante para o produtor musical é o ouvido! Somente um ouvido treinado poderá perceber as nuances do som a serem manipuladas para alcançar os objetivos da produção musical de modo eficiente e eficaz.

Só as melhores

SOUNDGYM. Disponível em: <https://www.soundgym.co>. Acesso em: 4 abr. 2023.

AUDIOFILE ENGINEERING. **Quiztones**. Minnesota, 2011. Aplicativo.

COREY, J. **Audio Production and Critical Listening**: Technical Ear Training. Milton Park: Routledge, 2016.

Treinar o ouvido é uma tarefa essencial para produtores, engenheiros de mixagem/masterização, técnicos de som, músicos em geral etc. Nesse sentido, recomendamos a utilização de ferramentas como SoundGym (*on-line*) e Quiztones, além do livro *Audio Production and Critical Listening: Technical Ear Training*, de Jason

> Corey, que é acompanhado de um *software* (Technical Ear Training). Tais ferramentas são amplamente empregadas e validadas por estudantes e profissionais de áudio.

1.4 Princípios da acústica aplicados à produção musical

Conforme visto anteriormente, a acústica é a ciência que estuda a geração, a transmissão e os efeitos do som. No que diz respeito à geração do som, é possível afirmar que todo som apresenta um determinado comportamento dinâmico (variação da amplitude) ao longo do tempo. Abordaremos esse comportamento no tópico a seguir.

1.4.1 Envelope dinâmico

A palavra *envelope* significa "envoltório" (aquilo que envolve), ao passo que *dinâmico* se refere à variação gradativa da amplitude sonora. Portanto, podemos concluir que um envelope dinâmico é um envoltório que acompanha a variação da amplitude de um som.

De acordo com Siqueira (2020), esse envelope é obtido em um gráfico de amplitude *versus* tempo, quando o eixo do tempo mostra o comprimento total da onda, conforme ilustrado na Figura 1.9.

Figura 1.9 – Envelope dinâmico de um *kick*

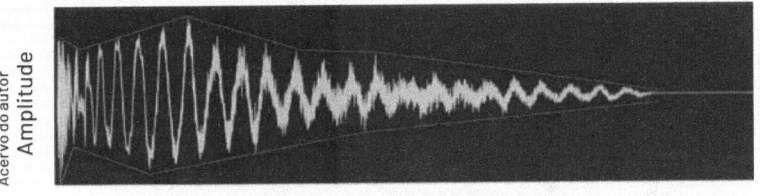

Tempo

Esse exemplo diz respeito ao envelope de um *sample* (amostra) de *kick* (bumbo). Perceba a variação da amplitude ao longo do tempo, com as cristas e os vales também variando em diferentes regiões do gráfico. É importante salientar que essa variação de amplitude ocorre em um intervalo de tempo muito curto, medido em milissegundos (nesse caso, menos de 100 ms). A linha vermelha que acompanha essa variação é o que chamamos de *envelope dinâmico*. As diferentes regiões do envelope serão analisadas na sequência.

1.4.1.1 Regiões do envelope dinâmico

O envelope dinâmico tem quatro regiões características: (i) ataque (*attack*); (ii) decaimento (*decay*); (iii) sustentação (*sustain*); e (iv) relaxamento (*release*), como consta na Figura 1.10.

Figura 1.10 – Regiões do envelope dinâmico – ADSR

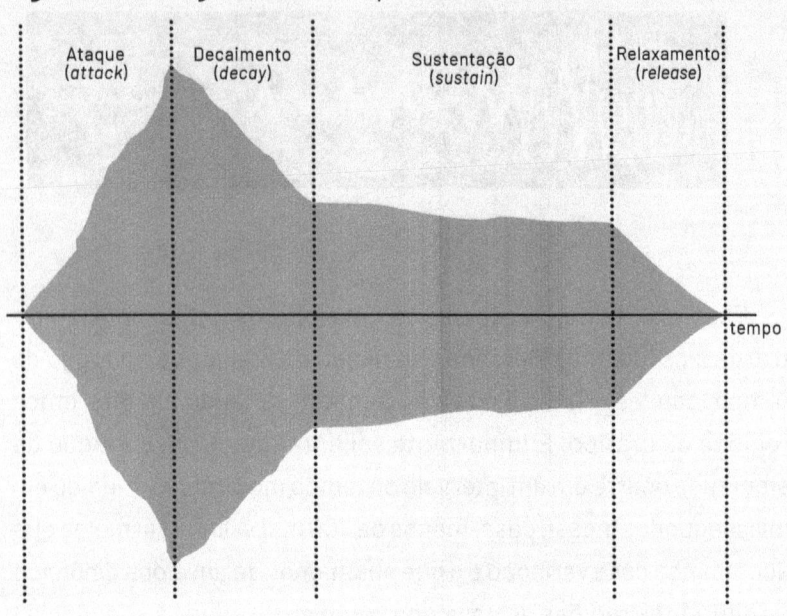

Fonte: Siqueira, 2020, p. 47.

Na figura, não se especifica qual instrumento ou timbre está representado pelo envelope dinâmico. Porém, podemos presumir que se trata de uma nota executada em instrumento de corda friccionada (como um violoncelo) ou de sopro ou em algum sintetizador que simula esse comportamento.

A razão que explica essa inferência é que, nesse tipo de instrumento, o ataque não é imediato (como é o caso do *kick*, visto anteriormente). Em vez disso, há um intervalo curto (de milissegundos) para que o som atinja seu ápice de amplitude. É por isso que se faz necessário treinar a escuta, para desenvolver a audição crítica e perceber tais nuances que ocorrem em curtos intervalos de tempo.

Essas e outras habilidades essenciais ao produtor musical serão aprofundadas ao longo do livro.

Retomando o exemplo do envelope dinâmico, percebemos que a região de ataque se localiza no início do som e dura até seu pico (amplitude máxima) inicial. O decaimento é a região seguinte, na qual a amplitude decai até o nível de sustentação. A sustentação corresponde à região em que o som permanece em uma intensidade constante (ou quase). Por fim, o relaxamento consiste em um decaimento final, no qual o som passa do nível de sustentação até o completo silêncio.

Tais regiões são comumente representadas pela sigla ADSR (iniciais em inglês para *attack*, *decay*, *sustain* e *release*), e os timbres de cada instrumento apresentam diferentes configurações desses parâmetros e, consequentemente, envelopes distintos, como mostra a Figura 1.11.

Figura 1.11 – Exemplos de envelopes dinâmicos

Os envelopes mostrados na imagem apresentam algumas diferenças entre determinados instrumentos/timbres. Repare que o bumbo tem um ataque imediato e não apresenta sustentação, fazendo em seguida o decaimento/*release* até o silêncio completo. Por sua vez, o *sax* apresenta um pequeno tempo de ataque (pela passagem do ar no instrumento), e o *growl* (rugido de sintetizador), um ataque lento.

Esses são apenas alguns exemplos com os quais nos familiarizamos à medida que vamos praticando, pois se referem a parâmetros que sempre observaremos no momento de gravar algum som ou utilizar um *sample* em nossas produções.

É importante salientar que nem todos os sons têm durações perceptíveis desses quatro parâmetros. Por exemplo, sons criados por sintetizadores podem não apresentar um ou mais desses parâmetros em seu envelope.

Outra informação relevante diz respeito a efeitos como o *reverb*, palavra decorrente de *reverberação*, que é um fenômeno de propagação do som. Em música, o *reverb* pode prolongar a duração de um som e, consequentemente, mudar seu envelope dinâmico. Vamos nos aprofundar no estudo desse e de outros fenômenos na seção a seguir.

1.5 Fenômenos de propagação do som

O som se propaga em todas as direções de um ambiente, ou seja, sua propagação é tridimensional. Quando é emitido em um ambiente, vai colidindo com o que está à sua volta, sendo absorvido pelos objetos presentes nesse local ou desviando deles. É preciso salientar que, apesar de as representações gráficas do som serem geralmente bidimensionais, sua propagação ocorre somente de modo tridimensional, ocupando o espaço em todas as direções a partir de sua fonte (Siqueira, 2020).

Por ser uma onda mecânica, ele se propaga em qualquer material. Contudo, o ambiente no qual mais costumamos ouvi-lo certamente é o ar. Tanto em ambientes abertos como em ambientes fechados podem ocorrer diferentes fenômenos de propagação do som.

Em uma sala ou em um estúdio, o caminho desde a fonte sonora até chegar ao ouvido humano envolve especificidades relevantes, e compreender os fenômenos relacionados a elas é fundamental para a produção musical. Tais fenômenos são a reflexão, a absorção, a refração e a difração. Eles serão estudados com mais detalhes na sequência.

1.5.1 Reflexão e absorção

O fenômeno da reflexão do som é semelhante ao da luz em um espelho: as frequências que incidem em uma superfície reflexiva são desviadas de acordo com o ângulo de incidência. Já a absorção do som corresponde ao fenômeno em que a energia mecânica do som diminui conforme ele colide com diferentes materiais, sendo dissipada e/ou transformada em pequenas quantidades de calor.

Segundo Siqueira (2020), quando um objeto é atingido por uma onda sonora, ele absorve uma parte da energia e reflete outra parte, considerando-se os materiais de que é feito. Materiais pesados e lisos (azulejos, por exemplo) refletem muito mais o som do que o absorvem, enquanto os leves e rugosos (como uma espuma) são menos reflexivos e mais absortivos.

Cada material apresenta um coeficiente de absorção para cada faixa de frequência, e ambos são estabelecidos por órgãos como a Associação Brasileira de Normas Técnicas (ABNT). Esse coeficiente vai de 0,00 (0%) a 1,00 (100%).

Uma parede com tijolos comuns e argamassa fina, por exemplo, tem coeficiente de absorção de apenas 0,02 (2%) para a faixa dos 512 Hz. Já o gesso acústico perfurado com lã de vidro tem 0,92 (92%) de absorção na mesma faixa de frequência.

É interessante observar que uma janela aberta "absorverá" completamente o som, em qualquer faixa de frequência, uma vez que não apresenta superfícies para reflexão.

Tabela 1.1 – Sistemas de absorção

Descrição da superfície	Frequência		
	128 Hz	512 Hz	2048 Hz
Gesso acústico, perfurado com lã de vidro	0,50	0,92	0,47
Janela aberta ou vazia	1,00	1,00	1,00
Lã de rocha – MS – 20 a 32	0,40	0,70	0,76
Lã de vidro, protegida com tecido e-25	0,22	0,57	0,70
Parede de alvenaria, rebocada e caiada	0,028	0,025	0,03
Pisto fibra (lã de vidro jateada)	0,07	0,64	0,89
Porta/Madeira compensada, envernizada	0,05	0,03	0,03
Reboco de gesso em alvenaria	0,02	0,02	0,04

(continua)

(Tabela 1.1 - conclusão)

Descrição da superfície	Frequência		
	128 Hz	512 Hz	2048 Hz
Reboco em vermiculita	0,23	0,37	0,48
Tijolos comuns com argamassa fina	0,13	0,02	0,03
Tijolos vazados 60,0 kg/m^3	0,06	0,28	0,32

Fonte: Siqueira, 2020, p. 68.

Outra informação importante destacada por Siqueira (2020) é que as pessoas também têm capacidades de absorção, mas pouca. Em um evento, o som obtido no momento da passagem de som com o local vazio é muito diferente do som que ouvimos depois que esse local fica cheio de pessoas, pois o som é absorvido por elas. Por esse motivo, um técnico de som experiente saberá quais ajustes fazer durante a passagem de som.

Chagok et al. (2013) conduziram uma pesquisa em oito igrejas para determinar a média de absorção por pessoa e chegaram aos seguintes valores: 0,29 em 125 Hz; 0,43 em 250 Hz; 0,51 em 500 Hz; 0,68 em 1.000 Hz; 0,71 em 2.000 Hz; e 0,73 em 4.000 Hz. Ou seja, o coeficiente de absorção do corpo humano aumenta de maneira diretamente proporcional à frequência.

Podemos concluir que, ao ouvirmos um som em uma sala, estamos, na realidade, ouvindo uma soma do som direto da fonte com os sons refletidos pelos materiais presentes nessa sala. Quando a variação de tempo entre o som primário e as reflexões é muito curta, percebemos isso como um evento único, como uma **reverberação**. O cérebro humano identifica esses casos como eventos únicos (persistência acústica) quando o intervalo é menor que 0,1 segundo.

Assim, se o intervalo for maior que aproximadamente 0,1 segundo, perceberemos essa situação como eventos distintos, sendo os demais eventos apenas repetições do primeiro, mas com intensidades reduzidas a cada repetição. Isso é o que chamamos de *eco*. O tempo de atraso entre o som original e o primeiro eco é chamado de *delay*.

Além disso, as frequências mais agudas perdem intensidade com mais facilidade. Isso significa que, a cada repetição, haverá menos informação, especialmente a frequência aguda, já que perde intensidade gradualmente mais rapidamente que as demais faixas de frequência.

A seguir, abordaremos outro fenômeno que demonstra claramente a diferença entre frequências agudas e graves em um ambiente: a refração.

1.5.2 Refração

Ao passar de um meio de propagação para outro, a onda sonora muda de velocidade e direção. A esse fenômeno chamamos *refração*. Isso pode acontecer ao mergulharmos em uma piscina – ouviremos de modo diferente os sons de fora (como a voz). Essa situação é corroborada pelo fato de que as frequências agudas não têm força suficiente para atravessar a água, o que explica por que, quando estamos submersos, é difícil entender o que alguém está falando, por exemplo.

A seguir, a Figura 1.12 ilustra o o fenômeno da refração da luz e do som.

Figura 1.12 – Refração da luz e do som

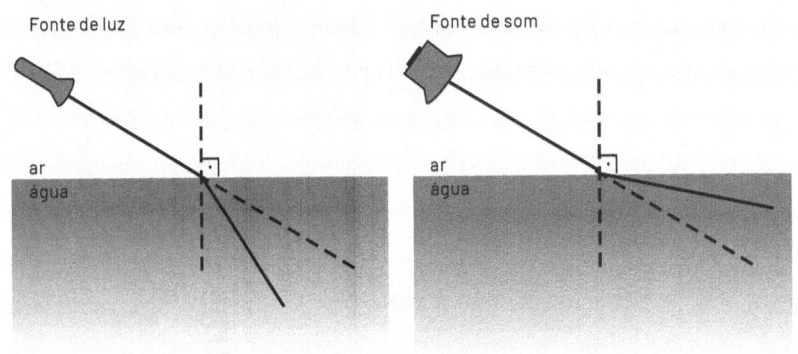

A refração também pode acontecer quando existem diferentes camadas de ar em temperaturas distintas. Por exemplo, quando um solo está quente, o ar que está sobre ele também está; já o ar localizado camadas acima deste está mais frio. Dessa forma, a onda sonora acaba se curvando, pois há uma variação de densidade do ar.

Esse fenômeno pode ser considerado para o posicionamento dos *public-address systems* (PAs), ou alto-falantes direcionados ao público, em um evento ao ar livre, levando-se em conta a temperatura no local na hora do evento, bem como a distância do público.

Em um ambiente, outros elementos acústicos que podem ser considerados são a presença ou não de obstáculos, como pilares e janelas, para a passagem do som, pois, em caso positivo, ocorrerá o fenômeno da difração.

1.5.3 Difração

A difração é a capacidade de o som se dividir, contornar e se recompor ao encontrar obstáculos. O comportamento do som é parecido com o da água, uma vez que ambos consistem em ondas mecânicas.

Assim como a água, o som também contorna os objetos e toma a forma do ambiente ou recipiente. Porém, ele só existe quando as ondas estão movimentando o ar, pois é o resultado desse movimento.

Figura 1.13 – Difração do som

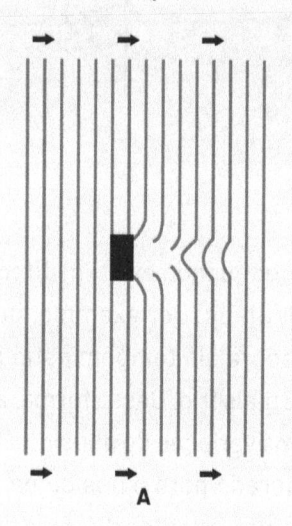

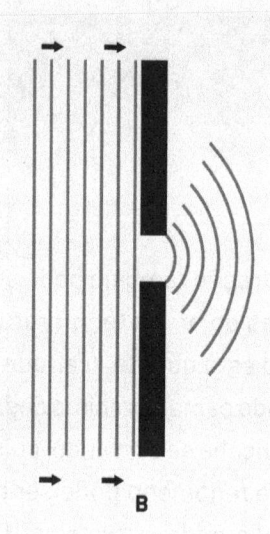

Fonte: Siqueira, 2020, p. 76.

No exemplo A da Figura 1.13, percebemos que, após o obstáculo (como um pilar), há uma pequena área onde não há som, como uma sombra, mas que logo em seguida se recupera. Já em B, há uma fenda (como uma janela). Nesse caso, a maior parte do som é refletida, e a parte que passa pela fenda tende a ocupar o novo espaço.

Quanto maior for o comprimento de onda, menores serão essas sombras (maior difração). Portanto, as frequências graves (de maior comprimento) têm maior capacidade de se recompor (maior difração) e, consequentemente, seu isolamento acústico tende a ser mais difícil.

Entre todos os fenômenos de propagação estudados neste capítulo, certamente a reflexão (reverberação e eco) é o mais utilizado em gravações, para criar a impressão de tridimensionalidade do som em um fonograma. Falaremos mais sobre gravações na próxima seção.

1.6 Analógico e digital

Análogo significa "semelhante". Um som analógico, portanto, tem características semelhantes às de outro som. Um disco de vinil, por exemplo, contém sons idênticos aos captados no momento da gravação; trata-se, pois, de uma mídia analógica.

De acordo com Siqueira (2020), considera-se uma gravação analógica aquela que armazena a música em um gráfico contínuo (com infinitos pontos), por meio de sulcos criados em uma mídia, como o vinil, ou de registros magnéticos, como a fita cassete.

Em contrapartida, segundo esse autor, uma gravação digital tem amostras de som em dada quantidade de tempo. No caso do *compact disc* (CD), são 44,1 kHz, ou seja, 44 mil e cem amostras por segundo.

Ainda conforme Siqueira (2020), a mídia analógica sofre desgastes decorrentes do uso e pode apresentar distorções por conta da presença de poeira e pela mudança de velocidade de rotação; por sua vez, as mídias digitais apresentam maior fidelidade nesse sentido. Explicaremos mais diferenças entre as duas tecnologias (analógica e digital) na sequência do capítulo.

1.6.1 Mídias analógicas

O fonógrafo, criado por Thomas Edison em 1877, foi o primeiro sistema de gravação e reprodução de som. Esse aparelho gravava as vibrações sonoras captadas por um cone (Figura 1.14) e as registrava mecanicamente em um cilindro de cera por meio de uma agulha que criava sulcos nesse cilindro. Ao passar novamente por esses sulcos, outra agulha vibrava reproduzindo o som gravado, que era amplificado pelo mesmo cone (Burgess, 2014).

Figura 1.14 – Fonógrafo com o cone de gravação ou reprodução

Barbara Ash/Shutterstock

O som reproduzido era, para a época, muito próximo ao original em termos de timbre e dinâmica. Entretanto, essa tecnologia tinha suas limitações, pois os cilindros só registravam até dois minutos (aparentemente estendidos para quatro minutos). Ainda, eram difíceis de fabricar e de transportar, além de terem baixa durabilidade (Burgess, 2014).

Posteriormente, surgiram os gramofones (Figura 1.15). Embora muito similares aos fonógrafos, os cilindros foram substituídos por discos de goma-laca, que eram mais fáceis de fabricar, mais leves e, principalmente, tinham um tempo maior de gravação (Burgess, 2014).

Figura 1.15 – Gramofone

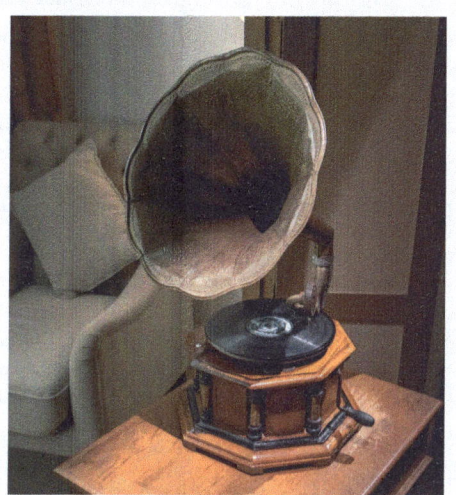

Para que os discos fossem tocados, existiam diferentes velocidades de rotação e tamanhos. No entanto, posteriormente, foram padronizados os tamanhos de 20 e 25 cm e 78 rotações por minuto (RPM). Em 1920, foi criado o método de gravação elétrico, que substituiu o mecânico, melhorando significativamente a qualidade do som.

Na década de 1940, foram desenvolvidos os primeiros discos de vinil. De tamanho maior, eram capazes de armazenar até 30 minutos de música de cada lado – por isso, o vinil era chamado de *long-play* (LP).

Paralelamente à criação do vinil, a fita magnética trouxe uma inovação para o processo, possibilitando a gravação de instrumentos separadamente. Isso permitia a edição com cortes e emendas, fato que deu origem ao processo de mixagem, no qual todos os elementos eram processados e unidos em uma única faixa. Depois disso, essa gravação era passada para um vinil "*master*", que era a mídia principal, da qual seriam feitas suas cópias.

A fita cassete também tornou a música mais portátil. Assim, os tocadores de fita puderam ser colocados em sistemas de sons automotivos e em tocadores individuais – os *walkmans*.

O Quadro 1.1, a seguir, mostra as diferentes mídias analógicas, indicando o ano em que foram criadas (não é o mesmo ano em que foram popularizadas) e o tempo de gravação que poderiam armazenar.

Quadro 1.1 – Quadro comparativo de mídias analógicas

Mídia	Aparelho	Ano	Tempo
Cilindro de cera	Fonógrafo	1877	2 minutos
Disco de goma-laca	Gramofone	1887	Variável, maior que 2 minutos
Vinil (*long play* - LP)	Toca-discos	1940	30 minutos cada lado
Fita magnética (fita cassete)	Toca-fitas (depois os *walkmans*)	1928	30 minutos cada lado, mínimo

Um problema que surgiu com a tecnologia de fita magnética após o lançamento dos gravadores pessoais – ou da função "gravar" nos próprios toca-fitas – foi a pirataria. À época, era possível gravar músicas que estavam tocando na rádio e escutar posteriormente quantas vezes se quisesse. Além dessa forma de gravação – ou seja, pelo conteúdo do rádio –, também se podia gravar de outra fita (original) ou de um vinil para uma fita "virgem". Artistas, compositores, produtores musicais e demais envolvidos na produção da música "copiada" eram prejudicados por essa prática.

As mídias analógicas representaram um importante avanço na maneira pela qual experimentamos música. Antes do fonógrafo, a única forma de ouvir música era ao vivo, ou seja, no momento e no local de uma *performance* musical.

No entanto, tais mídias evoluíram com relação a tempo, qualidade de gravação, portabilidade, durabilidade e custo (as fitas cassete eram muito mais baratas). Há quem ainda prefira as mídias analógicas, pois as "imperfeições" acústicas, causadas pela poeira e pela deterioração da mídia, geram um caráter peculiar, diferentemente das mídias digitais, feitas para serem limpas e altamente fiéis à gravação original (*high fidelity* ou *hi-fi*).

1.6.2 Mídias digitais

O início das mídias digitais foi marcado pela criação do CD, em 1970. As marcas Sony e Philips firmaram uma parceria para desenvolver essa tecnologia e chegaram a um protótipo em 1981. Contudo, foi somente em 1982 que ocorreu o lançamento do primeiro sistema comercial que reproduzia CDs, pela Sony. O CDP-101 levava para as residências o som com processamento digital pela primeira vez. Em 1984, foi lançado o primeiro *discman* (versão CD dos *walkmans*), também pela Sony.

No CD, os arquivos eram gravados em *bits* (como ocorre na computação) e tinham 16 *bits* a 44.100 amostras por segundo. Tais informações eram captadas por um leitor óptico e convertidas por algoritmos em impulsos elétricos, que eram enviados aos alto-falantes.

Logo se descobriu que cada música poderia ter seu arquivo copiado para computadores e outros CDs. O *waveform audio file format* (WAV) tem aproximadamente 10 *megabytes* (MB) por minuto de áudio. Uma música de 3 minutos, por exemplo, demanda 30 MB de espaço; desse modo, copiar um CD com 10 faixas de 3 minutos, o que equivaleria a 300 MB, era muito pesado para os computadores da época, que tinham cerca de 512 MB de memória de armazenamento.

O algoritmo que converte a informação em impulsos elétricos é chamado de *codec*. O *codec* que faz a leitura do tipo de arquivo WAV foi criado pela Microsoft e pela International Business Machines Corporation (IBM). Outra empresa, chamada Moving Pictures Experts Group (MPEG), criou diferentes *codecs*, batizados de MPEG-1, MPEG-2 e, finalmente, MPEG-3, que obteve o melhor resultado, com pouca perda de áudio.

O MPEG-3, posteriormente batizado de MP3, é 90% menor que um arquivo WAV – cerca de 1 MB por minuto de música (a depender do *bit rate*). Ou seja, uma canção de 3 minutos em formato MP3, com *bit rate* de 128 *kilobytes* por segundo (kbps), tem um tamanho aproximado de 3 MB, em vez dos 30 MB do WAV. Com os 30 MB que o WAV precisava para armazenar uma música, seria possível gravar um álbum de dez músicas em MP3.

Em paralelo com o avanço do MP3, houve o crescimento da capacidade de armazenamento dos computadores e o aumento da velocidade da internet. Isso facilitou o acesso à música, permitindo que as mídias armazenassem muitas horas de música em MP3.

Nesse contexto, surgiram os aparelhos de *MP3 player*, que substituíram definitivamente os *walkmans* e os *discmans*. Após isso, surgiram as tecnologias Wi-Fi e *bluetooth*, além dos serviços de *streaming*, graças aos quais a música fica na "nuvem", isto é, não necessita mais ser armazenada na mídia.

1.7 Tecnologia MIDI

Frequentemente confundido com "aquele som de teclado de baixa qualidade", o *musical instrument digital interface* (MIDI) é, na realidade, um protocolo desenvolvido por um conjunto de fabricantes de teclados musicais com o objetivo de estabelecer uma linguagem em comum para a comunicação entre seus instrumentos.

Antes do MIDI, os instrumentos e os dispositivos de marcas diferentes não se relacionavam. Várias marcas atuavam no desenvolvimento de teclados, sintetizadores, *softwares* etc., mas cada uma tinha seu padrão de voltagem para controle, o que inviabilizava a comunicação. Por exemplo, antes do MIDI, se tentássemos ligar um teclado da Yamaha em um sintetizador Moog, o resultado seria "bem bizarro" (Manning, 2013, p. 266).

Os envolvidos com a indústria de computadores também buscavam estabelecer padrões comuns de comunicação. A ideia de protocolo universal foi apresentada inicialmente em 1981, na National Association of Music Merchants (NAMM), por Dave Smith, presidente de uma fabricante de circuitos. Dave convenceu os responsáveis por grandes marcas, como Roland, Korg e Yamaha, a promover essa padronização.

No começo, tal protocolo comunicava apenas a nota/evento, se estava ligado ou desligado. Como essa limitação não era interessante para um padrão dito "universal", em 1982 foi elaborada e publicada a primeira especificação completa do protocolo, incluindo a escolha do nome – *musical instrument digital interface* (MIDI). Em outubro do mesmo ano, Robert Moog escreveu um artigo para a *Revista Keyboard* anunciando a inovação.

No ano de 1983, em uma nova edição da NAMM, empresas como a Roland e a Sequential Circuits demonstraram as interfaces com capacidades MIDI. Esse evento persuadiu todos os fabricantes a considerar seriamente a nova tecnologia. Até o fim daquele ano, a maioria dos fabricantes havia começado a incluir a comunicação MIDI em seus produtos.

A primeira versão do MIDI ainda é muito utilizada atualmente, pois permite, por exemplo, a comunicação de sintetizadores antigos com *softwares* atuais. O MIDI 1.0 contém informações como nota, duração, timbre e velocidade (*velocity*), em uma escala que vai de 0 a 127.

Além de transmitir tais informações, o MIDI também as armazena em um arquivo de extensão .mid, que pode ser editado em *softwares* (para correção, por exemplo). Os programas para esse tipo de edição têm um aspecto semelhante ao de uma caixinha de música ou pianola, mas o eixo de leitura do tempo parte da esquerda para a direita. Esse modelo de visualização se chama *piano roll* (Figura 1.16).

Figura 1.16 – *Piano roll* com informação MIDI

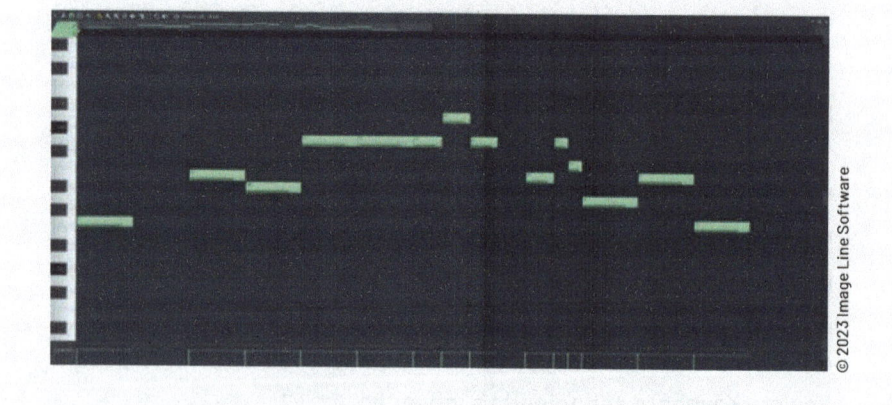

Atualmente, a aplicação do MIDI vai muito além da mera comunicação entre teclados. É possível escrever uma partitura apenas tocando um teclado, por meio de um *software* de edição de partituras que tenha a funcionalidade de reconhecer um teclado MIDI em tempo real. Também há como transcrever arquivos .mid para uma partitura. O mesmo programa, então, poderá tocar essa partitura utilizando bancos de sons.

O protocolo MIDI pode ser usado para produzir música diretamente em *softwares* de produção musical (DAWs), dispensando até mesmo o uso de um teclado controlador MIDI. Após a escrita na DAW, pode-se exportar o documento .mid para qualquer programa de edição de partitura ou para outras DAWs. Essa e outras funcionalidades dessas estações de trabalho digital serão aprofundadas na sequência deste livro.

Além disso, aliado a *plugins* e a instrumentos virtuais, o MIDI possibilita a produção de músicas dos mais diversos gêneros. Mesmo canções orquestrais, étnicas e/ou populares, que geralmente contam com variados instrumentos, podem ser realizadas apenas com o uso de um computador e dos *softwares* apropriados.

É importante ressaltar que não são apenas os teclados que dispõem dessa tecnologia; ela também existe em instrumentos de DJs (*launchpad, maschine* etc.) e pode ser encontrada em baterias eletrônicas, mesas de som, iluminação e, até mesmo, instrumentos de corda que utilizam captadores/conversores específicos, entre outros. O MIDI também está presente em controladores com propostas inovadoras, tal como o SOMI-1, que pode ser acoplado a uma pulseira, permitindo seu uso por músicos e dançarinos. Ainda, o anel *Wave*, da fabricante Genki, tem uma proposta similar ao SOMI-1.

Já existem tecnologias MIDI sem fio à disposição de *performers* musicais. Uma das principais vantagens dessa ferramenta é justamente o fato de que sua informação demanda pouca memória (um arquivo MIDI de uma música completa com diversos instrumentos tem poucos *kilobytes*). Isso torna viável o emprego de controladores sem fio, que utilizam a tecnologia Wi-Fi ou *bluetooth* para mandar o sinal MIDI com baixíssima latência (intervalo entre a execução e o resultado sonoro – abaixo de 10 milissegundos no SOMI-1), e viabiliza o uso desses dispositivos tanto para gravação como para *performances* ao vivo.

Em 2020, o MIDI 2.0 foi lançado, trazendo maiores avanços para a tecnologia musical. Dispositivos com essa tecnologia apresentam comunicação de duas vias e podem se autoconfigurar para trabalharem juntos, trocando informações sobre funcionalidades, por exemplo. A nova versão do protocolo tem maior resolução, mais parâmetros de controle e maior precisão de tempo. Enquanto o *velocity* no MIDI 1.0 vai de 0 a 127, no MIDI 2.0 ele vai de 0 a 4.294.967.296. Ademais, conta com perfis de dispositivos que se autoconfiguram. Por exemplo, uma mesa de som e um teclado com características completamente diferentes se tornam autoconfiguráveis graças a essa versão.

1.8 Acústica de salas

A experiência musical está diretamente vinculada à qualidade acústica do meio em que ela é fruída. Uma sala com qualidade acústica ruim prejudicará a melhor das *performances*, seja em uma gravação, seja em uma apresentação. Uma sala altamente reflexiva acaba gerando muita interferência. Já uma sala muito absortiva pode tirar completamente a ambiência da *performance*.

Considerando tais situações, precisamos compreender o que é tratamento acústico e como obter os melhores resultados por meio dessa técnica, para promover a melhor experiência musical possível.

Sabemos que, quando um som atinge um obstáculo (uma parede, por exemplo), parte de sua energia é absorvida e parte é refletida. Também há uma parte que se propaga pelo material e outra que é transmitida (que atravessa a parede), sendo a absorção e a transmissão os principais fenômenos analisados para se obter o isolamento acústico, de que trataremos a seguir.

1.8.1 Isolamento acústico

De acordo com Siqueira (2020), um material é definido como bom ou mau isolante mediante a análise de seu comportamento, considerando-se as quatro propriedades já estudadas: reflexão, absorção, refração e difração.

Segundo esse autor, a associação de materiais reflexivos com isolantes é muito comum. Logo, não se trata de materiais individuais, mas de sistemas isolantes acústicos. A seguir, o Quadro 1.2 elenca tais sistemas e informa quantos decibels de uma frequência de 500 Hz eles são capazes de atenuar.

Quadro 1.2 – Isolamento acústico (IA) de materiais e sistemas acústicos a 500 Hz

Materiais e sistemas	IA (dB) 500 Hz
Gesso acartonado 13 mm, fixado em cada um dos lados por montantes de madeira 75 × 38 mm	35
Gyproc (gesso com lã de rocha) placa com 3 camadas de 19 mm	35
Lã de rocha 50 mm revestida com gesso acartonado de 10 mm em ambos os lados	37
Alvenaria de concreto 30 cm com agregado graúdo (pedras)	50
Alvenaria de concreto 15 cm com agregado miúdo (areia)	40
Alvenaria de concreto 15 cm com reboco de 13 mm	49
Parede dupla de tijolos 11,2 cm, com 13 mm de reboco e espaço vazio de 4,2 cm (espessura total: 29,2 cm)	54
Parede dupla de tijolos 22,9 cm, com 13 mm de reboco e espaço vazio de 4,2 cm (espessura total: 52,6 cm)	55
Laje de concreto rebocada com 5 cm de argamassa	50
Porta de madeira maciça 50 mm, todas as bordas seladas	30
Porta dobrável 100 mm, com painéis de lã mineral densa em molduras de aço, vedações em cima e embaixo	47
Porta dupla de madeira maciça 50 mm, com **câmera de ar e frestas seladas**	35
Esquadria de madeira ou metal com vidros duplos de 3 mm, com **câmara de ar de 100 mm e absorvente no marco inferior entre os vidros, frestas seladas**	40
Janela simples de vidro 3 mm	20

Fonte: Siqueira, 2020, p. 211-212, grifo do original.

Perceba que Siqueira (2020) destacou alguns sistemas em que há uma associação entre duas placas afastadas e um material absorvente no meio. Conforme o autor, essa é uma opção muito eficiente e, quanto maior for a distância entre as placas, ou seja, quanto maior for a área de material absorvente, maior será a efetividade do sistema.

Atualmente, tecnologias avançadas que utilizam metamateriais acústicos (Figura 1.17) proporcionam uma enorme capacidade de isolamento acústico sem a necessidade de contar com materiais espessos e pesados (Yazici; Gül, 2020; Bader; Gernet; Mischo, 2020).

Figura 1.17 – Metamateriais acústicos

Metamateriais são materiais fabricados com propriedades que não existem ou que ainda não foram descobertas na natureza. Neles, geralmente são utilizados padrões geométricos para determinados objetivos. No exemplo dos metamateriais acústicos, o objetivo é atenuar o som e fazer com que ele percorra tais padrões geométricos perdendo intensidade, sem precisar de uma grande quantidade de massa para que seja absorvido. Os metamateriais acústicos têm uma série de aplicações e podem ser utilizados até mesmo na aviação, para a redução de ruído das turbinas.

1.8.2 Tratamento acústico

A parte do som que é refletida é objeto de estudo do tratamento acústico. Conforme Siqueira (2020), é necessário entender a finalidade do ambiente que se quer tratar acusticamente; trata-se se do primeiro passo na busca por uma acústica ideal. Para um grupo de coral, por exemplo, uma sala com bastante reverberação pode ser interessante, pois permite prolongar e preencher o som. Por sua vez, para um percussionista, esse cenário não é bom, uma vez que pode prejudicar a clareza de sua *performance* – as reflexões/reverberações podem "embolar" o som.

O segundo passo é identificar as reflexões, considerando-se que alguns sons podem se refletir diversas vezes em um ambiente até que percam sua energia. Além disso, temos de lembrar que o som se propaga em todos os sentidos. A primeira reflexão se chama *primária* e acontece no obstáculo mais próximo do emissor. A Figura 1.18, a seguir, mostra um esquema com apenas um emissor e um receptor.

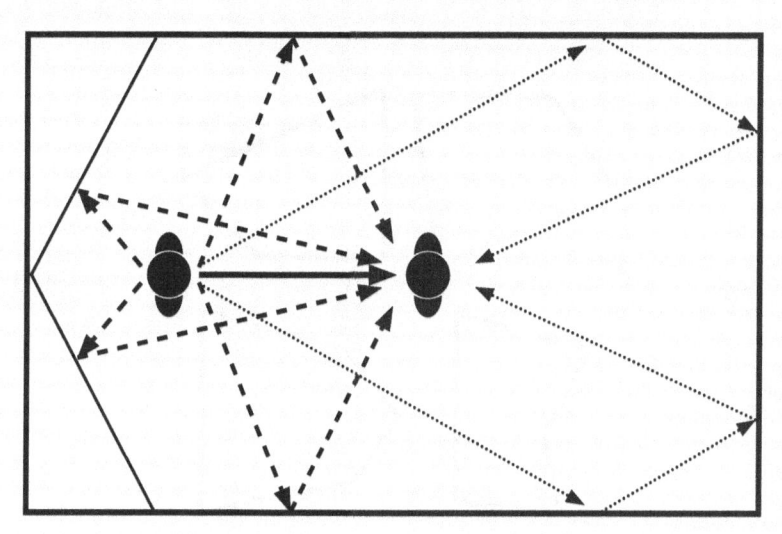

Figura 1.18 – Emissor e receptor em uma sala retangular

Fonte: Siqueira, 2020, p. 214.

Perceba que a seta em linha reta corresponde ao som que vai direto do emissor ao receptor. As linhas tracejadas grossas representam as primeiras reflexões, e as tracejadas finas, as reflexões que incidem várias vezes no ambiente até chegarem ao ouvido do receptor. Elas são responsáveis pela reverberação.

Tanto as reflexões primárias como a reverberação podem ser indesejadas em determinados contextos, ao menos em certo nível. Assim, fazer a absorção por meio de diferentes materiais pode ser uma estratégia interessante para eliminar reflexões indesejadas.

Ainda segundo Siqueira (2020), outra estratégia à qual muitos têm recorrido atualmente é o redirecionamento de ondas sonoras. Essa técnica pode ser realizada de modos distintos. É possível, por exemplo, utilizar formatos de sala sem paredes paralelas ou oblíquos, como mostra a Figura 1.19.

Figura 1.19 – Formatos de sala não convencionais

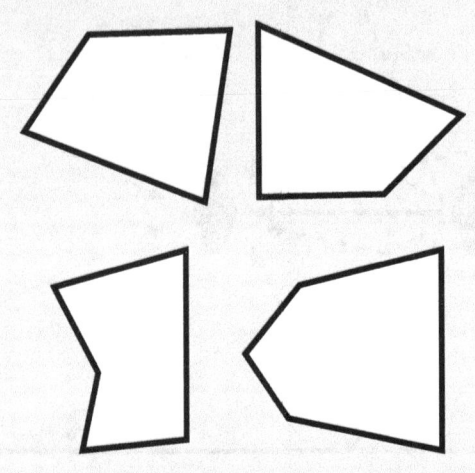

Fonte: Siqueira, 2020, p. 215.

Os diferentes formatos de sala possibilitam mais interferências destrutivas entre as ondas que se refletem, em virtude da inversão de fase que estas sofrem a cada reflexão.

Caso não se possa contar com uma sala com um desses formatos, é possível instalar revestimentos oblíquos de materiais variados. Há, também, os difusores acústicos, que promovem interferências destrutivas.

Na Figura 1.20, a seguir, observe um modelo de difusor de baixo custo bastante utilizado no Brasil.

Figura 1.20 – Difusor popularizado no Brasil

Feel Photo Art /Shutterstock

Em meu *home studio*, utilizo o difusor mostrado na Figura 1.21.

Figura 1.21 – Difusor QRD (*Quadratic Residue Diffusor*)

Acervo do autor

O funcionamento desse difusor é muito simples: cada coluna tem uma profundidade. Logo, o som se divide entre as colunas ao adentrar o difusor, e cada parte da divisão desse som será refletida em tempos diferentes. O resultado são reflexões de baixa intensidade, diferentemente de uma reflexão única de maior intensidade (como ocorreria se fosse diretamente na parede). Essas reflexões menores não atrapalham a gravação ou a mixagem e também não tiram a ambiência totalmente, como aconteceria com o uso de materiais altamente absortivos. Por esse motivo, não é uma estratégia adequada fazer o tratamento acústico apenas com espumas (Figura 1.22), como muitos produtores iniciantes acreditam.

Figura 1.22 – Estúdio de ensaio/gravação com espumas por todos os lados

luckyraccoon/Shutterstock

▷▷ Resumo da ópera

Neste capítulo, inicialmente fizemos uma introdução sobre acústica, som e produção musical. Buscamos, de modo objetivo, trazer uma fundamentação teórica para todos os assuntos seguintes, bem como fornecer a base dos conhecimentos necessários a um produtor musical.

Na sequência, abordamos o envelope dinâmico, que consiste em um envoltório que acompanha a variação da amplitude de um som. Seus principais parâmetros são ataque, sustentação, decaimento e relaxamento.

Em seguida, tratamos dos fenômenos de propagação do som: reflexão, absorção, refração e difração. Sabemos que, quando um som é propagado em um ambiente e colide com objetos ou paredes, estes absorvem e refletem parte da energia sonora, conforme os coeficientes de absorção e reflexão. Já a refração ocorre em uma mudança de densidade do ambiente, como do ar para a água ou de uma temperatura menor para outra maior, mas não se trata de um fenômeno que gera complicações para a música. Por sua vez, a difração corresponde à capacidade das ondas sonoras de contornar obstáculos.

Depois, apresentamos as características e as diferenças relativas aos áudios analógico e digital. Nesse contexto, traçamos uma linha do tempo entre as diferentes tecnologias, desde o primeiro fonógrafo até os algoritmos de compressão de áudio, como o MP3.

Também discutimos a tecnologia MIDI (sigla em inglês para *musical instrument digital interface*), que foi o primeiro protocolo de comunicação entre instrumentos e *softwares* de áudio. Sua contribuição para o mercado musical foi impactante. Atualmente, já estamos no MIDI 2.0.

Finalmente, abordamos o tratamento acústico e o diferenciamos de isolamento acústico. Apresentamos informações acerca de formatos de sala, materiais e procedimentos para a otimização acústica de diferentes ambientes.

Teste de som

1. Assinale com V ou F as afirmações a seguir:
   ( ) A acústica é uma área relacionada somente à música.
   ( ) A acústica física fundamental é a base para todas as outras abordagens da acústica.
   ( ) A acústica arquitetônica e a acústica musical são os tipos de acústica com maior importância para o produtor musical.
   ( ) Os parâmetros do som são frequência, timbre, intensidade e potência.
   ( ) O timbre de uma onda senoide tem a mesma quantidade de harmônicos observada em uma onda dente de serra.
   ( ) O produtor musical trabalha na intersecção entre arte, tecnologia e pessoas.

   Agora, marque a alternativa que apresenta a sequência obtida:

   a) F, V, V, F, V, V.
   b) F, V, V, V, V, F.
   c) F, V, V, V, V, V.

d) V, F, V, V, V, V.
e) F, V, V, F, F, V.

2. Assinale com V ou F as afirmações a seguir:
   ( ) O envelope dinâmico se refere à variação de frequência de um som ao longo do tempo.
   ( ) Ataque é o tempo que o som leva do seu início até a sua amplitude máxima.
   ( ) O timbre de *kick* (bumbo) tem ataque lento.
   ( ) No envelope dinâmico, geralmente se mede o tempo em milissegundos.
   ( ) Os parâmetros do envelope são ataque, decaimento, sustentação e relaxamento.
   ( ) O parâmetro sustentação é medido em milissegundos.

   Agora, marque a alternativa que apresenta a sequência obtida:
   a) F, V, F, F, V, V.
   b) F, V, V, V, V, F.
   c) F, V, F, V, V, F.
   d) V, F, V, V, V, V.
   e) F, V, V, F, F, V.

3. Assinale com V ou F as afirmações a seguir:
   ( ) Os fenômenos de propagação do som são reflexão, absorção, refração e difração.
   ( ) A refração consiste no fenômeno que ocorre quando há mudança da densidade no meio de propagação.
   ( ) A reflexão diz respeito à capacidade do som de contornar obstáculos e preencher todo um espaço.

( ) Superfícies lisas e densas, como azulejos, são muito reflexivas.
( ) Uma janela aberta é bastante reflexiva.
( ) O coeficiente de absorção corresponde à capacidade que um material tem de absorver o som em determinada faixa de frequência.

Agora, marque a alternativa que apresenta a sequência obtida:

a) V, V, F, V, F, F.
b) F, V, V, V, V, F.
c) V, V, F, V, F, V.
d) V, F, V, V, V, V.
e) F, V, V, F, F, V.

4. Assinale com V ou F as afirmações a seguir:
   ( ) O gramofone foi o primeiro dispositivo capaz de gravar e reproduzir som.
   ( ) Uma gravação analógica é aquela que armazena a música em um gráfico contínuo (com infinitos pontos), criados em uma mídia como fita magnética ou disco de vinil.
   ( ) O disco de vinil *long-play* tem a capacidade de armazenar 30 minutos de gravação analógica sonora de cada lado.
   ( ) A criação do *discman* possibilitou a portabilidade da música em mídia digital, assim como a criação dos *walkmans* foi para a música em mídia analógica.
   ( ) O MPEG-3 (MP3) é um formato de áudio que requer muito menos armazenamento do que o WAV.
   ( ) No *compact disc*, os arquivos eram gravados em *bits* (como ocorre na computação) e contavam com 32 *bits* a 44.100 amostras por segundo.

Agora, marque a alternativa que apresenta a sequência obtida:

a) F, V, V, V, V, F.
b) F, V, V, V, F, F.
c) F, F, V, V, F, F.
d) F, V, V, V, V, V.
e) V, F, V, V, V, F.

5. Assinale com V ou F as afirmações a seguir:
( ) MIDI é a sigla para *musical instrument digital interference*.
( ) O MIDI é responsável pelo "som de teclado barato".
( ) O MIDI é um protocolo de comunicação entre dispositivos e *softwares* musicais.
( ) Tratamento e isolamento acústico são basicamente a mesma coisa.
( ) Uma opção para o tratamento acústico é a utilização de um difusor quadrático.
( ) A melhor maneira de fazer um tratamento acústico para um estúdio é preenchê-lo com espumas em todos os cantos possíveis.

Agora, marque a alternativa que apresenta a sequência obtida:

a) F, F, V, F, F, V.
b) F, F, V, V, F, V.
c) F, F, V, F, V, F.
d) V, F, V, F, V, F.
e) F, F, V, V, V, F.

Treinando o repertório

Questões para reflexão

1. Podemos observar em nosso dia a dia como a acústica faz a diferença em variados contextos. Por exemplo, você já deve ter frequentado ambientes com aglomerações (como restaurantes) nos quais o nível de ruído era alto em virtude de conversas, barulhos de talheres etc. Por outro lado, se você for a uma biblioteca, além do silêncio requerido no lugar, poderá verificar a capacidade de livros e estantes de absorver sons, até mesmo externos. Em qual desses locais você percebe maior conforto acústico?

2. Atualmente, a acústica arquitetônica/de salas pode proporcionar conforto acústico em basicamente qualquer ambiente. Mas por que a maioria dos estabelecimentos não se vale desse recurso? Por que o conforto acústico é deixado de lado na maioria dos ambientes? Seria isso reflexo de uma sociedade com menor consciência auditiva?

3. Sabemos que nem todos os lugares precisam ter o melhor tratamento acústico possível. No entanto, certamente, muitos ambientes seriam bem mais agradáveis se tivessem recebido o mínimo de atenção quanto à experiência acústica, concorda?

Atividade aplicada: prática

1. Utilize o gravador de áudio de seu celular e grave sua voz em diferentes ambientes de sua casa: banheiro, sala, armário, cozinha etc. Depois, faça uma audição criteriosa dessas gravações, apontando características observadas ao longo deste capítulo.

Por exemplo: faça sons curtos e longos, com maior ou menor tempo de ataque, para perceber na prática o envelope dinâmico; em seguida, avalie como tais sons se comportam na propagação em cada ambiente – se existem mais ou menos reflexões etc.

Capítulo 2
EQUIPAMENTOS DE ÁUDIO PARA SONORIZAÇÃO AO VIVO

Atualmente, a sonorização ao vivo é uma demanda em diversos contextos. Por exemplo, em uma banda com bateria, baixo, guitarra e voz, pela própria natureza do instrumento, a bateria terá maior volume de som do que o vocal. Guitarra e baixo são instrumentos que precisam ser amplificados, e a voz, em comparação aos demais, deverá ser minimamente amplificada por meio de um microfone e de caixas de som.

Nesse caso, o objetivo é chegar a um equilíbrio de volumes, como em uma etapa inicial de mixagem. O volume da bateria depende do tamanho das peças e da intensidade com que o baterista toca, além do tratamento acústico do ambiente. Logo, os demais instrumentos e o vocal terão de ser amplificados a fim de equilibrar o volume em relação à bateria.

Outro objetivo da sonorização ao vivo é atender a um grande número de pessoas simultaneamente. Qualquer evento (*show*, festa, casamento, reunião etc.) que conte com um grande número de pessoas (digamos, acima de 50) necessita de equipamentos de sonorização ao vivo para que o som principal do evento (voz, música etc.) possa chegar a todos os participantes.

O som precisará ser primeiramente captado, depois conduzido, mixado/processado e, finalmente, amplificado por alto-falantes direcionados ao público. É importante observar que muitos desses equipamentos podem ser encontrados em versões virtuais (*plugins*).

Neste capítulo, abordaremos o processo de captação de áudio, a condução de sinais de áudio, equipamentos de mixagem, o processamento de áudio e, por fim, saídas de áudio.

2.1 Captação de áudio

Chamamos de *áudio* a transmissão eletrônica do som. No áudio, a captação é feita por **microfones**.

Segundo Winer (2018), os microfones podem ser classificados com base em seu sistema de captação, e os principais são o microfone dinâmico e o capacitivo (ou capacitor).

O **microfone dinâmico** tem uma membrana chamada *diafragma* que vibra analogicamente (em ressonância) conforme a frequência das ondas que chegam até ela. Por meio de um sistema composto por um ímã e uma bobina, essa vibração é convertida em impulsos elétricos, os quais são conduzidos por meio de um cabo. O microfone dinâmico faz o caminho inverso ao do alto-falante.

Já o **microfone capacitivo** tem uma cápsula formada por um capacitor elétrico que, quando ligado, é carregado na tensão de 48 volts (*phantom power*). Da mesma forma que o diafragma no microfone dinâmico, esse capacitor vibra em ressonância ao som que chega até ele. Essa vibração é novamente convertida em impulsos elétricos, conduzidos por um cabo.

A diferença está na sensibilidade, que nos dinâmicos é muito menor que nos condensadores. Estes últimos podem captar pequenas variações de pressão no ar. O *phantom power* geralmente é fornecido pelo *mixer* ou pela placa de som, mas os 48 V exigidos para esse microfone podem ser fornecidos por pilhas ou por cabo USB.

Os microfones também podem ser classificados de acordo com seu alcance, ou seu padrão polar (Figura 2.1), em cardioides ou omnidirecionais (ou apenas omni). Enquanto os **omnidirecionais** captam igualmente em todas as direções, os **cardioides** têm uma área de captação semelhante ao formato de um coração (por isso têm esse nome).

Figura 2.1 – Padrões polares dos microfones

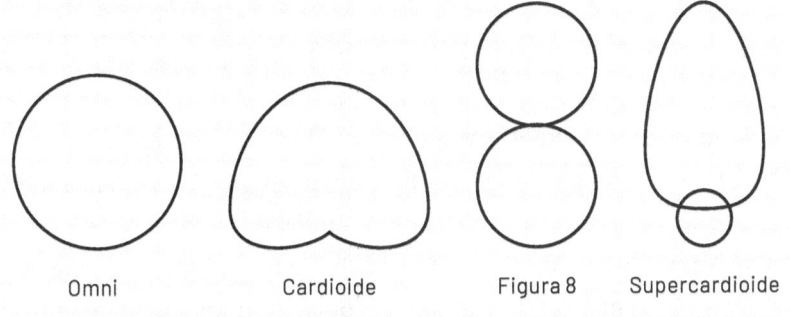

| Omni | Cardioide | Figura 8 | Supercardioide |

Fonte: Siqueira, 2020, p. 232.

Ainda, existem microfones que podem misturar sistemas de captação, gerando áreas de formato diferentes, como o Figura 8, ou bidirecional, e o supercardioide, tipo de microfone unidirecional ou simplesmente direcional. Este último tem um alcance frontal expandido em comparação ao cardioide e, desse modo, consiste em um microfone direcional (como aqueles comumente usados em *podcasts*). Além desses, há também o microfone *shotgun*, em geral usado para percussões e amplificadores de guitarra.

A Figura 2.2, a seguir, mostra um microfone dinâmico à esquerda e um capacitivo à direita.

Figura 2.2 – Microfone dinâmico e microfone capacitivo

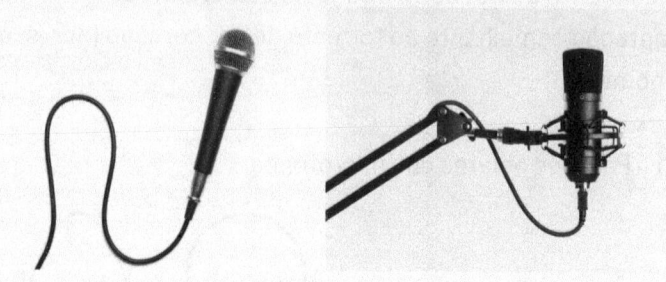

Bohbeh e Studio_Fennel/Shutterstock

É importante salientar que a aparência do microfone não determina seu tipo de padrão polar. Isso deve ser verificado nas especificações técnicas. A escolha de um microfone deve considerar primeiramente a necessidade de se obter uma captação com menor ou maior ambiência. Essa ambiência deve levar em conta, ainda, o tamanho da sala, uma vez que, normalmente, salas muito pequenas não têm boa ambiência.

Também é necessário decidir se a intenção é gravar em mono ou em estéreo. Uma *performance* de voz e violão (simultâneos), por exemplo, pode ser bem captada apenas com um microfone do tipo Figura 8, da mesma forma que uma *performance* de violino ou piano pode criar uma interessante imagem estéreo. Porém, o mais comum é utilizar um canal mono para cada instrumento. Em música *pop*, por exemplo, grava-se a mesma linha de violão duas vezes, e cada uma é direcionada a um lado (esquerdo e direito) do áudio, o que gera um efeito estéreo.

Segundo Winer (2018), uma importante regra para a gravação em grupo é a regra 3 para 1 (Figura 2.3).

Figura 2.3 – Posicionamento/distanciamento dos microfones

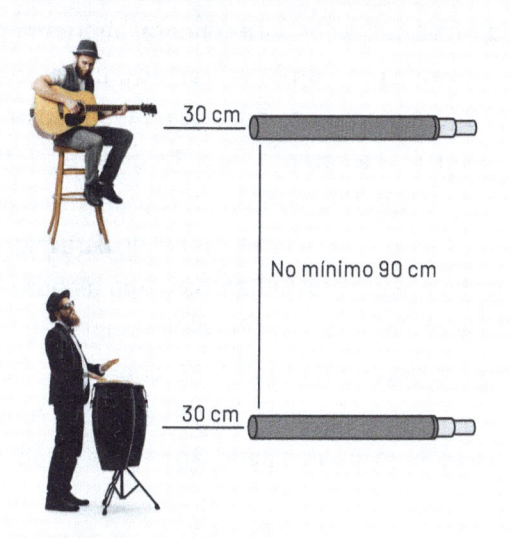

4Max e Ljupco Smokovski/Shutterstock

De acordo com esse autor, essa regra estabelece que cada microfone na sala deve estar a um pé (30 cm) do *performer* a ser gravado e a três pés (no mínimo, 90 cm) do *performer* vizinho, a fim de evitar interferências e cancelamentos.

2.2 Condução de sinais de áudio

Após a captação, a informação de áudio precisa ser transmitida, e a forma mais comum para isso é pelos cabos de captação, que geralmente têm o mesmo tipo de composição: um ou dois condutores com um revestimento.

Nas pontas desses cabos estão os conectores que devem ser soldados às vias. Os conectores do tipo TS (*tip-sleeve*), sua variação TRS (*tip-ring-sleeve*) e o XLR são os mais comuns. O cabo TS pode ser encontrado em vários tamanhos, sendo p2 e p10 os mais comuns. O p10 é um dos mais utilizados para conectar instrumentos elétricos (guitarras, por exemplo) e eletrônicos (como uma bateria eletrônica). O conector p10 geralmente é mono, mas também existe em estéreo.

Já o conector XLR é estéreo – L e R significam *left* (esquerda) e *right* (direita), respectivamente, e X representa o aterramento (para diminuir o ruído). Ele costuma ser usado para microfones, mas pode estar presente em instrumentos como pianos elétricos. No dicionário de acrônimos do The Free Dictionary (2023), podemos encontrar outras definições para XLR, como *external line return* (linha externa de retorno) e *cannon X series*, *latch*, *rubber* (em referência aos conectores criados pela Cânon para a Câmera Série X).

Figura 2.4 – Cabo TS p10 e cabo XLR

Kw_thailand e bergamont/Shutterstock

Cabos do tipo RCA (Radio Corporation of America) raramente são utilizados em áudio profissional. É mais comum encontrá-los em dispositivos domésticos mais antigos, como câmeras de filmagem, aparelhos de DVD e videocassetes. Porém, algumas placas de som, como a Behringer UMC2, contam somente com saída RCA para os monitores.

Os cabos USB (*universal serial bus*) também podem funcionar para a transmissão de áudio, como é o caso de alguns microfones fabricados para *streamers* (pessoas que criam/transmitem seu conteúdo via internet). De acordo com Winer (2018), os microfones USB, em geral, são do padrão polar cardioide e têm um pré-amplificador e um conversor analógico/digital embutidos. Isso facilita o processo de captação, pois não exige itens como uma placa de som com *phantom power* e outros cabos. A maioria dos dispositivos ainda utiliza o USB 2.0, que tem 480 Mbps de taxa de transferência de dados, enquanto a do USB 3.0 é de 4.8 Gbps (dez vezes maior).

Além disso, existem os transmissores sem fio para instrumentos, microfones e monitores de ouvido, ou *in-ear monitors* (IEMs). Estes funcionam emitindo/recebendo ondas de frequências específicas, de modo similar ao rádio ou à televisão. O dispositivo é composto por um transmissor e um receptor do sinal, ambos geralmente alimentados por pilhas ou baterias. A vantagem dessa tecnologia é que os **performers** têm mais liberdade para andar pelo palco e interagir com o público sem se preocupar com a possibilidade de tropeçar em cabos – somente é necessário carregar as baterias do dispositivo.

Na Figura 2.5, observe a imagem de um transmissor UHF (*ultra high frequency*) com um engate para cinto.

Figura 2.5 – Transmissor sem fio

DokoDemo/Shutterstock

Outras tecnologias sem fio que transmitem dados (como áudio) são a *firewire* e a *thunderbolt*. A *firewire* apresenta alta taxa de transmissão de dados (800 Mbps), mas vem se tornando obsoleta desde que a Apple retirou esse recurso de seus dispositivos. Já a *thunderbolt* foi lançada em 2011, e sua atual versão (*thunderbolt* 3) apresenta 40 GB por segundo de taxa de transmissão de dados (contra 4.8 GB do USB 3.0). No entanto, trata-se de uma tecnologia de custo elevado, assim como os dispositivos que a utilizam. Por isso, ainda não é tão presente no mercado.

Por sua vez, o *bluetooth* é uma tecnologia que se destina ao uso doméstico e recreativo, isto é, diferente da que se emprega em áudio profissional, pois adiciona latência (atraso) ao sinal. Logo, não é indicada para *performances* ao vivo. Em geral, sua aplicação é mais interessante para o emparelhamento de dispositivos, como *smartphones* e alto-falantes domésticos.

2.3 Equipamentos de mixagem

Também conhecidos como *mixers* ou *mesas de som*, esses dispositivos são o primeiro destino do som após sua captação. O *mixer* (Figura 2.6) tem canais de entrada nos quais são conectados os cabos TS/TRS ou XLR. A partir disso, é possível realizar a mixagem, controlando-se parâmetros como volume, paneamento (direcionar um som para a esquerda ou a direita ou centralizar) etc. As mesas mais complexas também têm funções de equalização (atenuação ou reforço de frequências) e compressores (controle da dinâmica), além de possibilitarem a adição de efeitos como reverberação, *delay*, *chorus*, *flanger* e *phaser*.

Figura 2.6 – Mesa de som/*mixer*

Afotosvet/Shutterstock

De acordo com Siqueira (2020), as mesas digitais têm os mesmos recursos que as analógicas, mas agregam certas funcionalidades, como salvar configurações estabelecidas na passagem de som de um grupo musical e utilizá-las como base para outras apresentações. A mesa digital permite, ainda, a gravação digital em pistas individuais e pode ser direcionada a um *software* multipista em um computador.

Por outro lado, a mesa analógica muitas vezes conta com componentes que adicionam ao som um caráter diferenciado ou colorações interessantes que, posteriormente, são difíceis de replicar virtualmente. Um grupo musical que tenha como objetivo atingir a sonoridade dos anos 1970, por exemplo, pode preferir uma mesa de som antiga analógica.

Conforme Winer (2018), apesar de cumprir a função de *mixer* (misturador), boa parte das mesas analógicas apresenta pré-amplificadores que potencializam o sinal antes de este entrar no canal. Isso contribui para a sonoridade desses equipamentos, já que esses pré-amplificadores são valvulados. Além disso, em geral, as mesas analógicas também têm equalizadores, conhecidos como *equalizadores de mesa*.

Figura 2.7 – Canal de um *mixer*

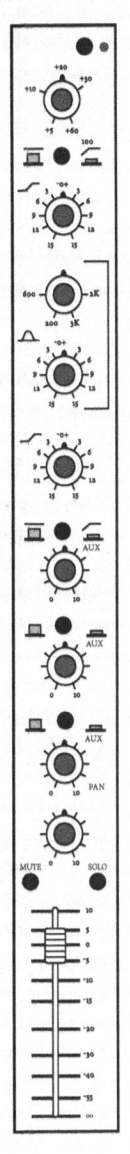

Fonte: Winer, 2018, p. 202.

A Figura 2.7 mostra um canal individual de um *mixer* mais complexo em relação a mesas que têm apenas volume e paneamento.

Normalmente, as mesas são idênticas, variando apenas a quantidade de canais e de recursos. O canal mostrado na imagem apresenta, de cima para baixo:

i. *Phantom power*: é responsável por alimentar em 48 V os microfones condensadores, entre outros dispositivos.
ii. *Trim*: adiciona ganho (aumenta o nível do sinal) ou diminui, geralmente por um pré-amplificador.
iii. HP – *hi-pass filter* (filtro passa-altas): ativa um equalizador e retira as frequências abaixo de 100 Hz do sinal.
iv. Equalizador de três bandas – agudas, médias e graves: no canal representado na imagem, é possível escolher a frequência central a ser manipulada da banda de frequências médias.
v. Auxiliares: determinam o quanto do sinal será enviado para canais auxiliares (*reverb*, *delay* etc.). No modelo em questão, há três auxiliares com ganho pré ou pós-processamento.
vi. Paneamento: também chamado de *panorama*, é por onde o som poderá ser direcionado para cada lado.
vii. Botões *mute* e *solo*: servem para mutar (silenciar) o canal ou para solá-lo, a fim de se ouvir somente a informação que está passando por aquele canal.
viii. *Fader*: após o processamento, é possível regular o volume final do canal, uma vez que, depois de cada processo, esse volume pode variar.

Portanto, além de possibilitar o controle de volume para cumprir com a função de "misturar" os sons e de ter a função de panorama (pan) para posicionar os sons no campo estéreo, o *mixer* também apresenta funcionalidades de processamento de áudio, como pré-amplificação e equalização, além do envio para processamento em canais auxiliares, como *reverb* e *delay*. Examinaremos esses processamentos mais detalhadamente na sequência do capítulo.

2.4 Processamento de áudio ao vivo

Processar o áudio ao vivo é uma tarefa geralmente atribuída a um técnico de som ou engenheiro de áudio. O objetivo dessa atividade é fazer a música soar da melhor forma possível, considerando-se o sistema de som pelo qual será transmitida e também o ambiente em que será fruída.

Os processadores de áudio podem ser divididos em três principais categorias, abordadas a seguir: dinâmicos, de frequência e de tempo.

2.4.1 Processadores dinâmicos

Processadores dinâmicos são os que manipulam o volume do áudio que passa por eles. Basicamente, compreendem o compressor e o *limiter* (Figura 2.8), que têm o mesmo princípio, bem como os *noise gates*, os compressores multibanda e os expansores, cujo efeito é contrário ao do compressor.

Figura 2.8 – Compressor/*limiter*

Fabio Pagani/Shutterstock

O *dynamic range compressor* (DRC), ou simplesmente compressor, consiste em um controle automático de volume que reduz as partes mais altas e aumenta as partes mais baixas, conforme as configurações preestabelecidas.

Segundo Winer (2018), os compressores foram originalmente criados para evitar que os transmissores de rádio AM distorcessem o áudio, caso o locutor falasse muito perto do microfone. Quando isso acontecia, ocorria o efeito de sobremodulação (*overmodulation*), que ocasionava a distorção. Os compressores também mantinham a voz do locutor mais consistente (mesmo volume) durante o programa.

De acordo com Moore (2016), os primeiros exemplos de compressores fabricados em larga escala foram o RCA 96A, lançado em 1936, e o Western Electric 110A, em 1937. A Western Electric, empresa estadunidense, em parceria com a Bell Telephone Laboratories e a Telegraph Company, anunciaram o lançamento deste último, que listava os seguintes recursos e benefícios:

1. aumento de 3 dB na média do nível de sinal de áudio (volume percebido);
2. indicação visual contínua dos níveis de correção e de operação;
3. compressão automática gradual de picos no programa;
4. proteção contra *overmodulation* – em caso de mudanças acidentais no nível do programa (sinal);
5. livre de distorções e radiação extrabanda devido a *overmodulation*; portanto, livre do *monkey chatter* (tipo de interferência de rádio);
6. possibilidade de programar a amplificação da linha de saída, alimentando o transmissor de rádio em um nível apropriado;
7. aumento da área de cobertura efetiva sem elevar o consumo de energia do transmissor;
8. segurança contra a sobrecarga de amplificadores e alto-falantes em PAs e sistemas de distribuição da programação. (Western Electric Company, 1937, p. 3, tradução nossa)

A maioria dos benefícios listados está ligada à compressão de som. A diminuição da faixa dinâmica proporcionada pelo compressor resulta no aumento do volume percebido e também traz proteção contra picos acima dos níveis de áudio "saudáveis". Além disso, proporciona maior inteligibilidade para a voz falada. Esses são objetivos que o compressor permite alcançar e que são responsáveis pelo desdobramento dos itens recém-citados.

Até por volta da década de 1960, não havia um conceito de utilização de compressores com objetivos musicais criativos/estéticos. Até então, a segurança nos níveis de sinal e a inteligibilidade da fala sempre prevaleceram como objetivos.

Entre os primeiros compressores a serem usados criativamente estão: os Altec 436 (lançados na segunda metade da década de 1950); o U23, da empresa alemã Rohde & Schwarz, lançado em 1955; e os EMI RS124 (modificação do Altec 436). Estes últimos foram muito utilizados nos estúdios Abbey Road em quase todas as gravações de música *pop* dos anos 1960.

Um fato curioso é que, como eram modificados, cada unidade apresentava um comportamento e um caráter (*character*), ou coloração, diferentes. Assim, descobriu-se que o compressor poderia ser usado para a gravação de cantores, instrumentos e, também, em mixagens completas, deixando-os soar de um jeito interessante.

O comportamento de um compressor é definido por algumas variáveis, entre elas, os parâmetros dinâmicos. O parâmetro fundamental de um compressor é o *threshold* (limiar), ou *ceiling* (teto). Por exemplo, ao estabelecermos o limiar em -12 dB, tudo o que passar desse nível será afetado pelo compressor de acordo com os demais parâmetros. São eles:

- **Knee (joelho)**: curva de transição entre o som não comprimido e o som comprimido. O *knee* pode ser *hard* (duro), em que a transição é mais abrupta, ou *soft* (leve), em que a transição é mais sutil, conforme mostra a Figura 2.9.

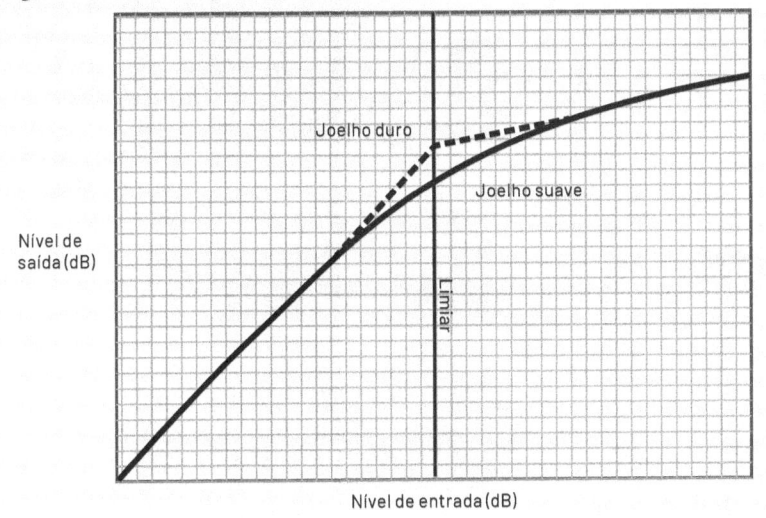

Figura 2.9 – *Knee* (joelho) do compressor

[Gráfico: Nível de saída (dB) vs Nível de entrada (dB), mostrando curvas de "Joelho duro", "Joelho suave" e "Limiar"]

Fonte: Hicks; Tyler, 2023, tradução nossa.

- **Ataque**: tempo que o compressor leva para reduzir o sinal depois de este ultrapassar o *threshold*. Configurado em milissegundos, se for muito curto poderá gerar distorção e, se for muito longo, acabará deixando passar essa variação de volume (o que pode ser a intenção do produtor/engenheiro de mixagem).
- *Release* **(relaxamento)**: tempo que o compressor permanece atenuando após o início de sua atuação. Na *eletronic dance music* (EDM), na qual a marcação dos tempos é bem evidente pelo *kick* (bumbo), em algumas situações o compressor deve permanecer atuando somente até o próximo tempo, a fim de manter essa marcação consistente. Esse parâmetro também é medido em milissegundos. A Figura 2.10 ilustra como funcionam os parâmetros de ataque e *release* comparando o sinal de entrada com o de saída.

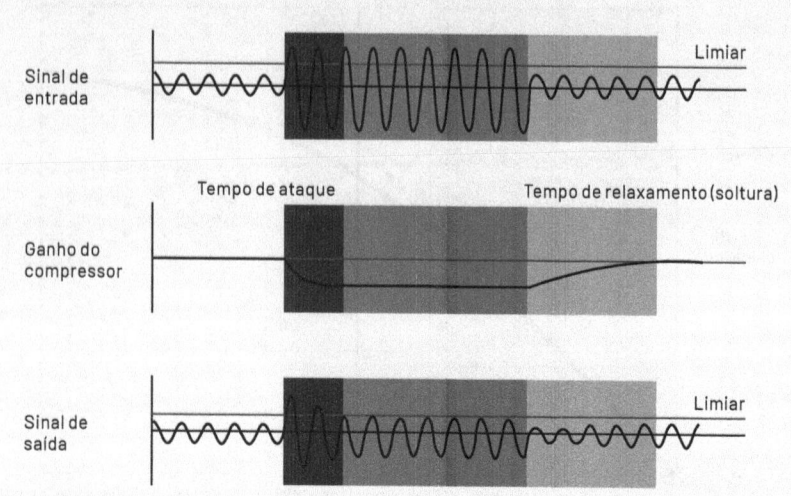

Figura 2.10 – Sinal passando pelo compressor

Fonte: Hicks; Tyler, 2023, tradução nossa.

- ***Ratio* (razão)**: quantidade de atenuação do sinal. Se configurarmos um *ratio* para 2:1, significa que, do nível que ultrapassar o limiar, metade será atenuada. Por exemplo: com um limiar de -12 dB e um sinal de -10, ou seja, 2 dB além do limiar, ocorrerá uma atenuação de 1 dB. Esse cálculo é um tanto complicado de se fazer. Seria um pouco mais fácil se demonstrado em porcentagem. Em linhas gerais, se o *ratio* no compressor for muito alto, ele atuará como um *limiter*, pois 100% do sinal ficará abaixo do "limite" definido pelo *threshold*.

Figura 2.11 – Gráfico de valores de *ratio*

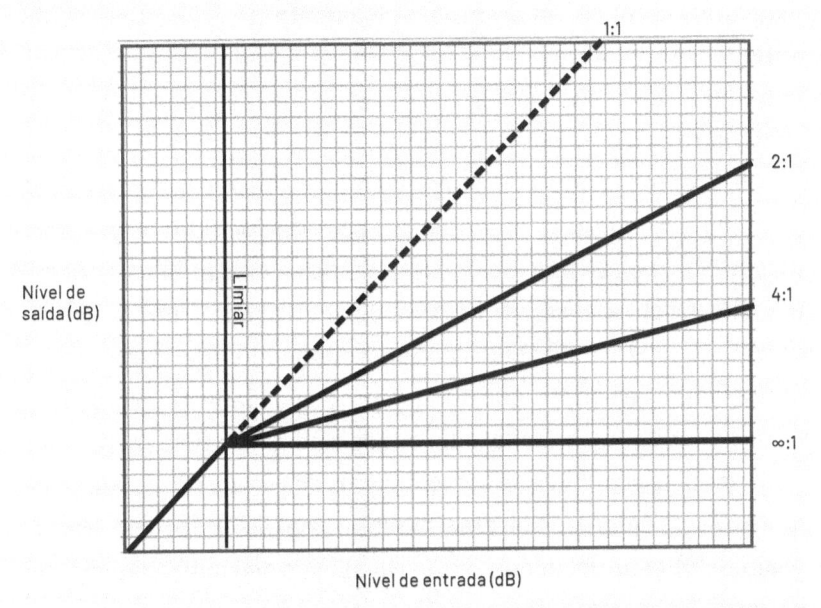

Fonte: Hicks; Tyler, 2023, tradução nossa.

O *limiter* segue o mesmo princípio do compressor, mas seu *ratio* é muito alto (em geral, acima de 10:1 já é considerado *limiter*) e o ataque é bem rápido (normalmente, menos de 0,05 ms). O Brickwall Limiter, que é o *limiter* mais agressivo entre os disponíveis, tem *ratio* infinito:1, conforme mostrado na Figura 2.11, na linha horizontal, e é comumente utilizado como último recurso de segurança para que o sinal não ultrapasse determinado valor.

Os parâmetros do compressor são parecidos com os do envelope dinâmico, pois atuam no mesmo aspecto do som (intensidade), moldando esse comportamento. Segundo Winer (2018), a principal diferença notada pela maioria das pessoas quando se aplica um compressor é que o som fica mais "na cara" (evidente). Quando utilizado no canal *master*, pode criar o efeito de "cola", fazendo os elementos se movimentarem dinamicamente ao mesmo tempo. No entanto, de acordo com Siqueira (2020), é preciso ter cautela ao usar essa ferramenta, para não tirar completamente a variação dinâmica, tornando a *performance* robótica.

As diferenças entre os compressores se devem ao seu *design/tecnologia*. Em geral, existem quatro tipos principais de compressor: (i) *tube* (válvula); (ii) *opto* ou *optical* (ótico); (iii) *field effect transistor* (FET)(transistor com efeito de campo); e (iv) *voltage controlled amplifier* (VCA)(amplificador controlado por voltagem). Cada um deles tem uma assinatura sonora, que diz respeito à qualidade da coloração e à não linearidade (variação) adicionada a um timbre (Moore, 2016).

Exemplos populares de compressores de válvula são os Fairchild 660 e 670, da empresa Universal Audio (antiga UREI). Segundo Moore et al. (2016), cada um tinha 6.386 válvulas (isso mesmo!). Geralmente, são escolhidos para bateria e instrumentos percussivos, porque são capazes de produzir ataques muito rápidos – entre 200 e 800 microssegundos (20 a 80 μs). Os Fairchild também são encontrados na literatura como compressores do tipo Vari-Mu (ganho variável) (Stroe, 2017). Atualmente, existe a versão virtual (*plugin*) desse compressor, lançada pela própria Universal Audio, assim como versões de outras marcas de *plugins* (como a Waves) e, até mesmo, versões gratuitas de outros desenvolvedores. Basta procurar na internet por "Fairchild free alternatives".

Os compressores do tipo *opto* têm um painel eletroluminescente e um fotorresistor que controla a compressão. O exemplo clássico desse tipo de compressor é o Teletronix LA2A, também da Universal Audio. Apesar de contar com válvulas do tipo 12AX7, por onde o som passa antes de ser direcionado ao transformador de saída, ele é considerado *opto* pelo controle da compressão. Seu tempo de atuação depende de variáveis como a duração e o nível do áudio que passa por ele. Por exemplo, em transientes (picos), seu tempo de *release* é rápido; quando se trata de um sinal mais estável e longo, esse tempo é mais lento. Outro aspecto, segundo Moore (2016), é que as válvulas influenciam na coloração desse equipamento, bem como no tempo de uso, ou seja, compressores que já foram exaustivamente usados apresentam diferença de coloração se comparados a equipamentos novos.

O *field effect transistor* (FET) é uma tecnologia presente no compressor Urei 1176, da Universal Audio. De acordo com Moore (2016), o FET funciona com um resistor que envia para o aterramento o sinal excedente ao *threshol d*. O tempo de ataque pode ser de 2 a 80 ms, o que é bastante limitado, e o tempo de *release* vai de 50 ms a 1,1 s. O 1176 apresentava um comportamento não linear quando era utilizada uma função nada ortodoxa ao se pressionarem simultaneamente todos os botões de *ratio*.

Já o *voltage controlled amplifier* (VCA) é um compressor desenvolvido para manter a transparência durante o controle dinâmico. Em geral, essa tecnologia passou a ser usada após a criação do compressor Dbx160, da marca DBX. A ideia do fundador da empresa, David Blackmer, era expandir os decibels (por isso, DBX). A esse respeito, Burgess (2014) comenta que os equipamentos criados pela DBX rapidamente se tornaram padrão na maioria dos estúdios profissionais.

As técnicas de compressão recebem nomes específicos conforme a função que desempenham. Assim, *compressão multibanda*, *compressão paralela*, *sidechain* e *de-esser* são alguns exemplos.

Existem equipamentos e *plugins* específicos para cada uma dessas técnicas.

O compressor multibanda trata partes do sinal individualmente (grave, médio e agudo) e é bastante usado para a finalização (masterização) de uma música. Por sua vez, na EDM, a compressão *side-chain* é utilizada para reduzir e restabelecer rapidamente o volume dos sinais de outros instrumentos em relação ao *kick*. O objetivo é evitar conflitos e deixar o bumbo evidente para marcar a pulsação da música. Essa técnica também costuma ser aplicada na voz, com o objetivo de evidenciá-la entre os demais instrumentos.

Além disso, na voz, é possível recorrer a um compressor para reduzir a sibilância, isto é, o som de "s", que geralmente se encontra entre as frequências de 4.000 e 8.000 Hz. O compressor específico para essa função recebe o nome de *de-esser*. Já a compressão em série ocorre quando, na cadeia de sinal, um compressor é inserido depois de outro.

Os compressores que atuam em diferentes faixas de frequência também podem ser considerados processadores de frequência, como os que veremos a seguir.

2.4.2 Processadores de frequência

De acordo com Välimäki e Reiss (2016), a utilização do primeiro processamento analógico de frequência remonta à década de 1870, com o uso da filtragem de frequências de áudio no desenvolvimento dos telégrafos harmônicos (também conhecidos como *telégrafos acústicos*).

Nesse contexto, o termo *equalização* (EQ) foi cunhado quando se desenvolvia a tecnologia de telefonia a longa distância, e algumas frequências eram perdidas nesse caminho. Assim, para compensar tais perdas e tornar o som igual (*equal*) ao original, fazia-se a equalização. Outro motivo pelo qual o processo de equalizar recebe esse nome diz respeito ao fato de que cada região a ser equalizada tem o mesmo nível de controle.

Segundo os autores, os primeiros equalizadores foram integrados aos receptores telefônicos e, posteriormente, aos fonógrafos. Em ambos os sistemas, funcionavam de forma fixa/estática. Com o advento do cinema, surgiu uma demanda pela equalização variável, que foi inicialmente atendida por John Volkman, engenheiro da RCA – a mesma empresa dos conectores (Välimäki; Reiss, 2016).

Volkman foi o responsável pela criação de um equalizador externo que é frequentemente considerado o primeiro equalizador operável, pois possibilitava cortes/atenuações e acentuações de frequências. Já em 1949, os equalizadores foram introduzidos para uso com os gramofones. Com dois potenciômetros (giratórios) – que permitiam ao usuário o controle total do processamento –, era possível acentuar e atenuar frequências graves e agudas.

Segundo Burgess (2014), o primeiro equalizador passivo, o EQP-1, foi desenvolvido em 1951 pelos fundadores da Pultec, com base nos circuitos da Western Electric. Nas décadas de 1950 e 1960, o equalizador foi ganhando popularidade e passou a ser adotado em diversos segmentos, com o objetivo de aprimorar tanto o áudio como a fala. Välimäki e Reiss (2016) apontam que um importante equalizador dessa época foi o Langevin Model EQ-251A, que contava com controles deslizáveis – um precursor do equalizador gráfico.

A ideia de um equalizador que permitisse uma varredura (*sweep tunable*) de frequências foi concebida por volta de 1967, e sua descrição foi publicada em 1972, pela Audio Engeneering Society (AES), sob a denominação *equalizador paramétrico*. Välimäki e Reiss (2016) afirmam que, entre todos os tipos de equalizador, o paramétrico é o mais poderoso e flexível.

Como explicamos anteriormente, os equalizadores manipulam as frequências sonoras (de 20 Hz a 20 kHz), aumentando ou diminuindo frequências específicas ou bandas (conjuntos) de frequências.

Portanto, eles podem ter muitas formas: as mais simples apresentam um ou dois potenciômetros para regulagem de grave e agudo; por seu turno, os equalizadores paramétricos contam com muitos pontos para ajustar as frequências.

Em geral, há quatro tipos básicos de equalizador:

1. equalizador simples, com botões de grave e agudo (Figura 2.12);
2. equalizador gráfico, que divide o espectro audível em cinco ou mais bandas (normalmente, 31) (Figura 2.13);
3. equalizador de mesa;
4. equalizador paramétrico, o mais preciso entre todos (Figura 2.14).

Figura 2.12 – Equalizador simples – comum em amplificadores de guitarra/baixo

Javier Ruiz/Shutterstock

Figura 2.13 – Equalizador gráfico (geralmente, com 31 bandas)

Sugar Lab/Shutterstock

Figura 2.14 – Equalizador paramétrico

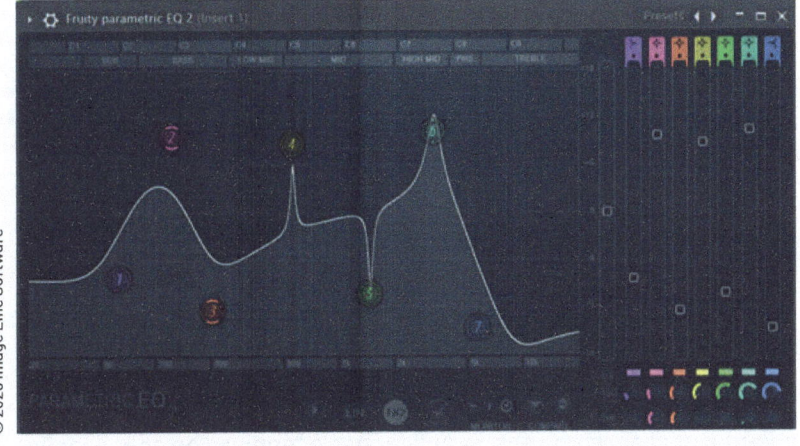

© 2023 Image Line Software

Todos eles têm basicamente a mesma função, mas variam em termos de menor ou maior precisão, mais ou menos bandas, mais ou menos possibilidades de curvas de atenuação ou acentuação, entre outros recursos. Para listar os parâmetros de um equalizador, utilizaremos como exemplo o equalizador paramétrico. Os parâmetros são:

- **Frequência central**: cada ponto de controle do equalizador tem uma frequência central de atuação. É possível escolher qualquer frequência situada no espectro controlável pelo equalizador (em geral, 20 Hz a 20 kHz, no mínimo).
- **Ganho**: é o parâmetro de atenuação (*cut*) ou acentuação (*boost*) da frequência definida pelo parâmetro anterior, medido em decibels. Na sequência desta obra, veremos que cada 6 dB de *boost* proporciona o dobro do nível do sinal original (dBFS).
- **Fator Q (ou *bandwidth*)**: é o afunilamento das frequências próximas à frequência central. Quanto maior for o *bandwidth*, mais frequências serão afetadas por esse controle e, quanto menor for ele, mais específico será o processamento. Esse parâmetro também pode aparecer com o nome de *slope*.

Um exemplo prático do uso de equalizador é o caso em que se quer retirar frequências indesejadas, como ressonâncias desnecessárias ou, ainda, frequências que não são importantes para determinados elementos. É muito comum também a aplicação de equalizador para limpar graves e/ou subgraves em uma guitarra solo ou para retirar as sibilâncias da voz, pois podem ser estridentes. Mais adiante, analisaremos outras aplicações e técnicas de equalização.

Como observa Winer (2018), qualquer pessoa pode dizer quando uma música não está soando bem; contudo, é necessário ter muita prática para saber quais configurações de equalização devem ser usadas com a intenção de tornar a música o mais sonora possível. A esse respeito, é importante salientar que, em *performances* ao vivo, deve-se ter cautela ao recorrer a processadores pesados (compressores, equalizadores etc.), uma vez que eles podem adicionar latência (atraso) ao sinal.

2.4.3 Processadores de tempo

Os processadores de tempo basicamente simulam algumas situações análogas aos fenômenos de propagação do som, vistos anteriormente. Eco e reverberação são os mais comuns. A reverberação sempre foi (e ainda é) uma parte importante da música. As acústicas das salas – de concerto (Figura 2.15), de teatro etc. – são projetadas para permitir o controle da reverberação. Mas como recriar esse efeito analogicamente?

Figura 2.15 – Sala de concerto

Aleksey Sagitov/Shutterstock

Winer (2018) comenta que o primeiro eco analógico foi criado com fitas magnéticas em sobreposição, porém com uma diferença de posição. O autor cita o exemplo da música *Great Balls of Fire*, do cantor Jerry Lee Lewis, de 1957. O efeito é bem perceptível no vocal dessa música e, posteriormente, no solo de guitarra. Esse tipo de eco também é chamado de *slapback*, porque imita uma reflexão próxima de uma superfície (como uma parede).

Segundo o autor, para criar ecos múltiplos, é necessário *feedback* – repetição sobre repetição. Nesse sentido, um parâmetro que existirá em qualquer *plugin* relacionado a essa intenção é o *feedback* – quantidade de repetições. Quando o eco é configurado para ser análogo ao real, assim como as reflexões em um ambiente, a cada repetição o *feedback* vai perdendo intensidade, até silenciar – esse parâmetro é chamado de *decay* (decaída), tal como no envelope dinâmico (Winer, 2018).

O parâmetro elementar de qualquer processador de tempo é justamente o tempo de atraso (*delay*) em relação ao sinal original, e diferentes tempos de *delay* geram efeitos distintos no som – por exemplo, um *delay* muito curto adiciona presença. Além disso, é possível acrescentar espacialidade e profundidade pela adição de ecos únicos e *delays* curtos, quando mixados em 10 ou 15 dB abaixo do som original.

Winer (2018) também cita a possibilidade de usar o *delay* com sua configuração baseada no tempo da música, a fim de elaborar uma harmonia que possibilite ao músico tocar enquanto a acompanha (enquanto ela soa). Um *loop sampler* funciona de modo similar.

Assim, utilizar diferentes tempos rítmicos pode gerar variações interessantes de ecos, de acordo com o objetivo criativo. Isso também pode ser aplicado em cada lado do sinal para criar um efeito estéreo – por exemplo, a repetição do lado esquerdo pode ser em colcheia (1/8) e a do lado direito, em semínima pontuada (1/4 *dot*).

Os parâmetros de tempo de *delay*, *feedback* e *decay* são, portanto, elementares para a criação do eco. Quando muitos ecos soam ao mesmo tempo, forma-se uma reverberação. O princípio da reverberação é o mesmo do eco, porém, por ser um efeito mais denso, não é possível ouvir as repetições separadamente.

Para entender melhor o efeito da reverberação, suponha uma gravação em uma sala na qual há um microfone: afastá-lo da fonte sonora o fará captar mais a reverberação; por sua vez, aproximá-lo da fonte o levará a captar menos reverberação. Na maioria dos casos, é vantajoso utilizar a reverberação da sala, pois se trata de um som real, o que é muito diferente de gerar esse efeito por meio de *plugins*. No entanto, é necessário verificar se a sala foi tratada acusticamente, bem como identificar se a reverberação desse local está adequada aos objetivos da produção musical em questão.

O primeiro efeito de *reverb* usado em uma música foi gerado em uma sala contendo um alto-falante e um ou dois microfones – na canção *Peg 'o My Heart*, do grupo The Harmonicats, em 1947. É possível identificar o *reverb* na *lap steel* e também no sinal da harmônica (gaita de boca) em alguns momentos da música.

Um dos primeiros *reverbs* analógicos foi lançado em 1957 por uma empresa alemã – Elektromesstechnik (EMT) – e foi chamado de 140 Plate Reverb. Conforme Winer (2018), o *plate reverb* (Figura 2.16) consiste em uma grande caixa de madeira com um fino prato de metal bem apertado e suspenso por molas em uma moldura de metal. Seguindo o mesmo princípio da sala, essa caixa também tem um alto-falante e microfones para a captação do sinal reverberado pelo sistema.

> ### ♡ Só as melhores
>
> EMT 140 demo (Sabella Studios). 2 out. 2012. Disponível em: <https://www.youtube.com/watch?v=P7Mye5v4ThQ>. Acesso em: 5 abr. 2023.
>
> Recomendamos que você assista ao vídeo indicado para compreender qual é o mecanismo de funcionamento de um *plate reverb* original e como isso se reflete no resultado sonoro quando aplicado ao sinal.

Figura 2.16 – *Plate reverb*

Fonte: White, 2006.

EMT e seu logotipo são marcas registradas da EMT International GmbH, Suíça.

Outro sistema mecânico de *reverb* é a mola. Um alto-falante é preso a um dos lados da mola, e do outro há um captador eletromagnético que converte a vibração da mola novamente para o sinal de áudio.

A primeira aplicação desse *reverb* foi em órgãos elétricos da Hammond; posteriormente, ele foi adaptado para amplificadores e também pedais de guitarra (Figura 2.17). Sua sonoridade é facilmente reconhecida na guitarra de Dick Dale, na música *Misirlou*, que foi trilha do filme *Pulp Fiction*.

Figura 2.17 – Pedal com *reverb* de mola

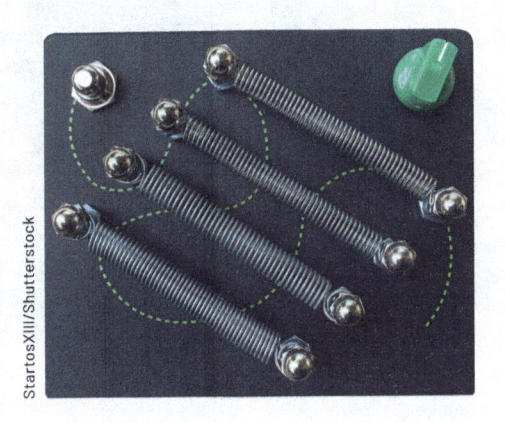

StartosXIII/Shutterstock

É necessário mencionar que esses equipamentos requerem isolamento acústico, pois o sistema de captação pode captar vazamento de sons externos.

Em 1976, foi criado o primeiro *reverb* digital, pela mesma empresa (a EMT) que desenvolveu o primeiro *reverb* analógico. O EMT 250 (Figura 2.18) foi o primeiro equipamento de *reverb* que não precisava de isolamento acústico.

> ♡ **Só as melhores**
>
> EMT 250 in action! 19 abr. 2022. Disponível em: <https://www.youtube.com/watch?v=ar5S2Hr6b6o>. Acesso em: 5 abr. 2023.
>
> Assista ao vídeo indicado para ver como o EMT 250 funciona.

Figura 2.18 – EMT 250 – primeiro *reverb* analógico

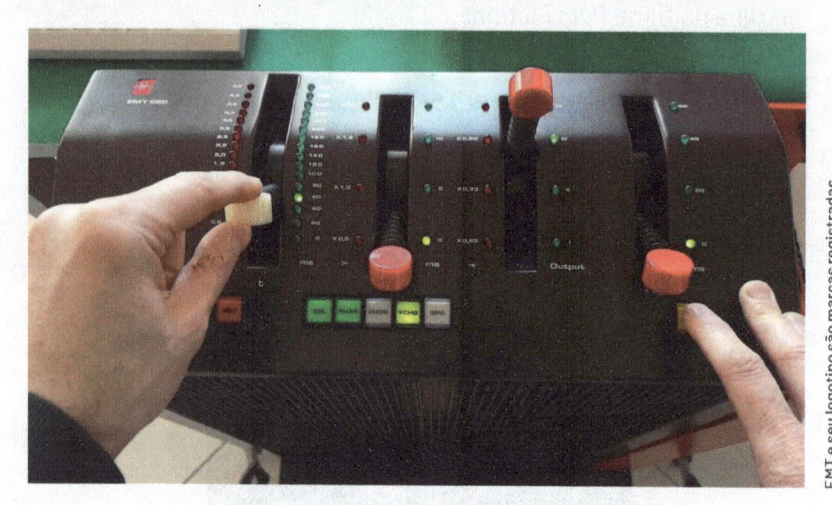

Fonte: EMT 250..., 2023.

EMT e seu logotipo são marcas registradas da EMT International GmbH, Suíça.

Atualmente, os *plugins* emulam esses *reverbs* digitalmente. Efeitos de reverberação de salas de diversos tamanhos, bem como de *reverbs* mecânicos, como os *plate* e os *spring* (mola), são facilmente configurados. Muitas mesas de som apresentam tais recursos e, de fato, podem contribuir para criar uma ambiência interessante para vocais, violões, entre outros instrumentos.

Existem dois tipos de *plugins* de *reverb*: os de algoritmo e os de convolução. Os *reverbs* de **algoritmo** (Figura 2.19) geram a quantidade de ecos calculando o *delay*, o volume e a frequência de cada repetição. Já os de **convolução** adicionam ao sinal um impulso (comportamento) de um som que foi gravado em uma sala real.

A convolução (Figura 2.20) consiste em um princípio simples e também é utilizada em outras aplicações, como em amplificadores e em pedais de guitarra. No entanto, requer maior capacidade de processamento do computador.

Figura 2.19 – *Reverb* de algoritmo

© 2023 Image Line Software

Figura 2.20 – *Reverb* de convolução

© 2023 Image Line Software

Todo processamento precisa ser monitorado e ajustado de acordo com a percepção do produtor musical ou engenheiro de mixagem, uma vez que, além do monitoramento, o som será direcionado ao público. Tanto o monitoramento como o direcionamento ao público correspondem a saídas de áudio, as quais abordaremos a seguir.

2.5 Saídas de áudio

Depois de o som ser captado, direcionado ao *mixer* e processado, ele é conduzido por meio de um cabo a partir do canal *master* da mesa de som – por vezes, passa por processadores de sistema (que podem dividir o sinal) – para um ou mais amplificadores.

Na sequência, o amplificador ativa os alto-falantes do public-address system (PA) – destinados ao público. O equipamento de retorno/monitoramento utiliza o som direcionado ao palco/músicos e funciona de modo similar ao PA, mas conta com a possibilidade de regulagem, a fim de atender às necessidades dos músicos. Alternativamente, o técnico/engenheiro de som pode usar fones de ouvido para realizar checagens de PA e monitoramento.

De acordo com Stark (2004) e Melo (2021), os PAs são sistemas de alto-falantes responsáveis por entregar o som de saída a todas as pessoas (ou à maioria) com qualidade, fidelidade, consistência e capacidade de controle.

Na Figura 2.21, observe um organograma que mostra o fluxo de sinal desde a sua captação no microfone até a sua saída nos alto-falantes. Perceba que, após o *mixer* e a amplificação, há uma divisão da rede sonora em duas seções: aguda (alta frequência) e grave (baixa frequência).

Figura 2.21 – Fluxo de sinal até a saída de áudio

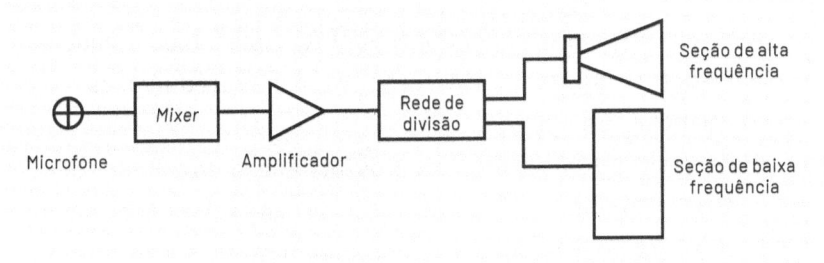

Fonte: Melo, 2021, p. 22, tradução nossa.

A divisão do sinal de áudio nas seções grave e aguda representa uma das possíveis configurações de sistemas de alto-falantes para a saída de áudio. A depender da infraestrutura de áudio do evento, é possível optar por diferentes configurações, considerando-se a melhor ou mais adequada experiência de fruição acústica.

2.5.1 Os sistemas de alto-falantes

Os equipamentos que transmitem a energia acústica funcionam como tradutores de impulsos elétricos em som, por meio de alto-falantes e de uma caixa de ressonância. Tais equipamentos são divididos em duas categorias: (i) ativos (têm um amplificador acoplado) e (ii) passivos (precisam de um amplificador externo).

Atuando em conjunto com esses equipamentos estão os controladores e os processadores de sistema, os quais cumprem com as funções de *crossover* e controle, fazendo a divisão do espectro sonoro em bandas (geralmente, graves, médias e agudas) correspondentes aos tipos de alto-falantes (*subwoofer*, *woofer* e *tweeter*).

De acordo com Melo (2021), cada parte de um PA tem uma função específica, a qual indica, também, sua nomenclatura:

- **Tops**: são responsáveis por transmitir frequências médio-agudas.
- **Subwoofers**: são responsáveis por transmitir frequências
- frequências graves.
- **Cluster**: situa-se no centro, entre os *tops* esquerdo e direito, para centralizar o som, dando a impressão de que está vindo do palco.
- **Under/above balcony/fill**: compensam o atraso entre uma coluna e outra, preenchendo a imagem sonora.

Nas imagens a seguir, vemos dois sistemas de P.A. Na Figura 2.22, são duas torres (uma posicionada para a esquerda e outra para a direita), sendo a parte de baixo composta por *subwoofers* e a parte de cima, pelos *tops*. Apesar de terem dois lados, geralmente tais sistemas funcionam em mono. Por sua vez, na Figura 2.23, temos o contexto de um palco, onde o P.A. conta com os *tops* pendurados (*fly*) em maior quantidade.

Figura 2.22 – Sistemas de P.A.

Figura 2.23 - Palco com sistemas de P.A.

Purple Moon/Shutterstock

Ainda conforme Melo (2021), a posição dessas partes deve ser estudada levando-se em conta as necessidades e as condições do espaço. O sistema de *line arrays* é comumente utilizado em eventos com número elevado de pessoas. Um *line array* consiste na sobreposição de caixas de falantes suspensas, tornando a propagação do som mais distribuída no espaço.

Além da instalação, é necessário promover a calibração desses sistemas, com o objetivo de proporcionar uma audição equilibrada. A calibração deve considerar o tempo de reverberação, a inteligibilidade em vários pontos no espaço, a distribuição sonora do sistema pelo local, o nível de ruído e a quantidade de *feedback* do sistema.

Só as melhores

@engenheirosdesom. Disponível em: <https://www.instagram.com/engenheirosdesom/>. Acesso em: 7 mar. 2023.

Recomendamos que você siga essa página para ter certa compreensão da atuação desses profissionais dos bastidores de maneira realista e humorada.

Resumo da ópera

Neste capítulo, primeiramente, explicamos os conceitos vinculados à captação de áudio, enfatizando os diferentes tipos de microfones existentes de acordo com seu padrão polar, além de técnicas de microfonação. Em seguida, examinamos os tipos de cabos e de conectores para a condução de áudio. Na sequência, tratamos dos equipamentos de mixagem, como as mesas de som (consoles), que podem ser analógicas ou digitais. Depois, abordamos os tipos de processamento de áudio: de frequência, de amplitude e de tempo. Por fim, enfocamos a amplificação de áudio. Apresentamos alguns sistemas de som e descrevemos seus posicionamentos e suas funcionalidades.

Teste de som

1. Assinale com V ou F as afirmações a seguir:
   ( ) Os microfones são todos iguais, o que muda é apenas o formato.
   ( ) Microfones condensadores são menos sensíveis que os dinâmicos.
   ( ) Os padrões polares dos microfones mais comuns são cardioide, omni, Figura 8 e supercardioide.
   ( ) O microfone dinâmico necessita do *phantom power* (48 V).
   ( ) Pode-se descobrir o padrão polar de um microfone pela sua aparência.
   ( ) Atualmente, os microfones USB são uma alternativa para quem não tem placa de som.

   Agora, marque a alternativa que apresenta a sequência obtida:
   a) F, F, V, F, F, F.
   b) F, F, V, V, F, V.
   c) F, F, V, F, F, V.
   d) V, F, V, F, F, V.
   e) F, F, V, F, V, V.

2. Assinale com V ou F as afirmações a seguir:
   ( ) Um conector de áudio balanceado bastante utilizado em áudio profissional é o XLR.
   ( ) XLR é uma sigla em que X significa aterramento, L é de *left* (esquerda) e R é de *right* (direita).

( ) TRS é uma sigla em que T significa *tip* (ponta), R é de *ring* (anel) e S é de *sleeve*, que representa a malha que envolve o cabo por meio da qual é feito o isolamento/aterramento.

( ) A sigla RCA corresponde a Radio Corporation of America e também dá nome ao conector utilizado em dispositivos antigos, como DVD *players*.

( ) USB é a sigla para *universal sentence bus*.

( ) A tecnologia *firewire* foi descontinuada pela Apple.

Agora, marque a alternativa que apresenta a sequência obtida:

a) V, V, V, V, V, V.

b) V, V, V, V, F, F.

c) V, F, V, V, F, V.

d) V, V, V, V, F, V.

e) F, V, V, V, F, V.

3. Assinale com V ou F as afirmações a seguir:

( ) *Mixer* é o mesmo que mesa de som.

( ) As mesas digitais têm os mesmos recursos das analógicas, mas agregam outras funcionalidades, como a possibilidade de salvar configurações.

( ) Em geral, as mesas de som são idênticas, variando apenas a quantidade de canais e recursos.

( ) Além do controle de volume para cumprir a função de "misturar" os sons e da função panorama (pan) para posicionar os sons no campo estéreo, a mesa de som também pode apresentar funcionalidades de processamento de áudio.

( ) Podemos classificar os processamentos de som em dinâmicos, de frequência e de tempo.

Agora, marque a alternativa que apresenta a sequência obtida:

a) F, V, V, V, V.
b) V, F, V, V, V.
c) V, V, F, V, V.
d) F, V, V, F, V.
e) V, V, V, V, V.

4. Assinale com V ou F as afirmações a seguir:
   ( ) Os processadores dinâmicos compreendem basicamente o compressor, o *limiter*, o equalizador e o expansor.
   ( ) Um parâmetro fundamental de um compressor é o *threshold* (limiar), que indica a partir de qual nível o sinal será comprimido.
   ( ) A principal diferença notada pela maioria das pessoas quando se aplica um compressor é que o som fica mais "na cara" (evidente).
   ( ) Os equalizadores manipulam as frequências sonoras (de 20 hz a 20 Khz), aumentando ou diminuindo frequências específicas ou bandas (conjuntos) de frequências.
   ( ) Os três parâmetros básicos de um equalizador são: frequência central, ganho e fator Q.
   ( ) Os equalizadores podem ser simples, os quais têm, em geral, um ou dois potenciômetros para a regulagem de grave e agudo, ou bem complexos, como os paramétricos, que apresentam muitos pontos.

Agora, marque a alternativa que apresenta a sequência obtida:

a) F, V, V, V, V, V.
b) F, V, F, V, V, V.
c) V, F, V, V, V, F.
d) F, F, F, F, V, V.
e) F, F, V, F, V, V.

5. Assinale com V ou F as afirmações a seguir:
   ( ) O tempo de atraso (*delay*) em relação ao sinal original consiste no principal parâmetro de um processador de tempo.
   ( ) Os *plugins* de *reverb* podem ser de algoritmo ou de convolução.
   ( ) Exemplos de *reverbs* mecânicos são o *plate* (prato) e o *spring* (mola).
   ( ) Os PAs são os alto-falantes destinados ao palco.
   ( ) Equipamentos de saída de som são como tradutores de impulsos elétricos em som, o que ocorre por meio de alto-falantes e de uma caixa de ressonância.
   ( ) Os *subwoofers* são responsáveis por reproduzir as frequências médias no PA.

Agora, marque a alternativa que apresenta a sequência obtida:

a) V, V, V, V, V, F.
b) F, V, V, V, V, F.
c) F, V, V, V, V, V.
d) V, V, V, F, V, F.
e) V, V, F, V, F, V.

Treinando o repertório

Questões para reflexão

> Há um tempo, fui ao casamento de um amigo, em um lugar elegante, bem decorado, com muitos arranjos de flores e bela iluminação. O local também contava com sistema de som, microfones, caixas amplificadas etc.
>
> Logo no início da cerimônia, quando o juiz de paz iniciaria sua fala, o microfone não funcionou corretamente. Na realidade, não era possível entender o que ele falava, por conta de ruídos e de mau contato. Além do microfone, as próprias caixas amplificadas tinham um som horrível.
>
> Felizmente, quem salvou a cerimônia foi um amigo em comum, músico, que estava tocando violoncelo na entrada do casamento e que, por acaso, trazia consigo um microfone, assim como uma caixa amplificada que usava para o violoncelo. Então, ele fez a substituição do microfone e o ajustou para sair em sua caixa amplificada, de modo que o casamento pôde continuar. Heróis nem sempre usam capa.

1. Você já deve estar entendendo aonde queremos chegar. Normalmente, em eventos dessa natureza (e em muitos outros!), a última coisa com que se preocupam é com o som/música. Nesse caso específico, isso se aplica aos responsáveis pelo local ou cerimonial. Mas podemos perceber essa realidade em mais contextos, não é mesmo? Pense em algum caso no qual você tenha presenciado um descaso com a parte musical/áudio.

2. Som e música são fundamentais em quase todos os momentos de nossa vida. Pensando nisso, reflita: O que poderia ser feito para que a sociedade em geral atribuísse o devido valor a músicos, produtores musicais, técnicos de som etc.?

Atividade aplicada: prática

1. Visite ao menos três contextos diferentes que disponham de sistema de sonorização (igreja, barzinho, evento escolar etc.) e anote todas as informações sobre o funcionamento de cada sistema, desde a captação até a saída de áudio. Por exemplo: na igreja, utilizam microfones SM57, da marca Shure, para os vocais da banda que toca no culto; os cabos que conduzem são XLR da mesma marca; a mesa é uma Behringer modelo X, que tem determinada quantidade de canais; dela partem dois cabos XLR, que são ligados a dois amplificadores da marca Behringer, cada um com 150 W de potência; outros dois cabos XLR saem para os alto-falantes da JBL, também de 150 W.

Em seguida, compile as informações coletadas em um documento. Quanto mais dados você conseguir obter, melhor será, pois todas essas informações contribuirão muito para a sua formação como produtor musical.

Capítulo 3
EQUIPAMENTOS DE ÁUDIO PARA GRAVAÇÃO

Neste capítulo, trataremos das especificidades da captação para gravação, bem como de *hardwares* para gravação, monitoração e periféricos para gravação. Também apresentaremos sugestões de *setups*.

Com o estudo deste texto, você será capaz de reconhecer as distinções entre as gravações analógica e digital, identificar as várias medidas de sinal e suas aplicações e distinguir os diferentes equipamentos para gravação e monitoração, além de contar com os subsídios necessários para escolher seu *setup* e, enfim, começar a fazer parte do universo da produção musical.

3.1 Especificidades da captação para gravação

O processo de captação de um áudio para armazenar e, posteriormente, reproduzir esse conteúdo pode ser feito de modo analógico e/ou digital. Como mencionamos anteriormente, a tecnologia digital revolucionou a forma como produzimos e consumimos música. No que tange à captação e à gravação de áudio, a quantidade de profissionais que utilizam a tecnologia digital já superou a analógica há muitos anos. No entanto, a gravação analógica continua presente nos contextos de alguns engenheiros de som e artistas.

3.1.1 Gravação analógica

Segundo Siqueira (2020), a expressão *gravação analógica* se refere à gravação em fita, a qual consiste em um plástico fino coberto por um material magnético que contém partículas de óxido de ferro. Para armazenar os sinais de áudio, essas partículas podem ser magnetizadas individualmente por um centro de metal envolto por uma bobina. Então, o áudio é aplicado a essa bobina, que magnetiza o centro de metal e transfere para a fita certa quantidade de magnetismo, a depender da voltagem e da polaridade, o que armazena amplitude e frequência ao longo do tempo.

As desvantagens desse tipo de gravação são muitas. Por exemplo, é necessário dispor de inúmeros equipamentos específicos, os quais geralmente têm custo bastante elevado. Além disso, eles demandam um bom espaço físico e, frequentemente, precisam passar por manutenções e substituições. Ainda, a edição deve ser realizada cortando-se a fita magnética em pedaços, enquanto na gravação digital bastam alguns cliques com extrema precisão. Por fim, tais equipamentos apresentam menor fidelidade, isto é, são menos precisos que os digitais.

Entretanto, a fidelidade no som nem sempre é um objetivo de artistas e engenheiros de áudio. São justamente as imperfeições do sistema analógico que adicionam coloração e caráter ao sinal de áudio. De todo modo, atualmente, há técnicas de processamento digital e *plugins* que buscam emular esses aspectos de maneira muito parecida e sem as desvantagens do aparato e do processo analógico.

Figura 3.1 – *Plugin* Kramer Master Tape (Waves)

Cortesia de Waves Audio

Fonte: Waves, 2012.

No *plugin* Kramer Master Tape, da Waves, visto na Figura 3.1, é possível perceber que existem controles para cada tipo de imperfeição a ser adicionado ao sinal. Por exemplo, o botão "Noise", ao ser acionado, adiciona um ruído ao sinal, o qual pode ter seu volume controlado e suas frequências filtradas (equalização *low-pass*).

Note, também, os botões "Record Level" e "Playback Level", cujo ajuste pode conferir uma saturação (distorção) analógica ao sinal. Ainda, o botão "WOW & Flutter" controla imperfeições que tornam o som trêmulo com variação na frequência do sinal. Tanto "WOW" como "Flutter" se referem a essa variação, mas no "WOW" (de *wobbly*) ela é mais lenta e no "Flutter" é mais rápida. Com esse *plugin*, também é possível criar o eco *slapback* com uma sonoridade muito próxima à dos equipamentos analógicos.

3.1.2 Gravação digital

A gravação digital compreende um conversor (analógico/digital/analógico) e uma mídia de armazenamento. O conversor recebe esse nome porque converte sinais analógicos (voltagem) em números (quantização) e, quando reproduz, faz o processo inverso. Esses dispositivos são as placas de áudio de computador, porque fazem ambas as funções simultaneamente. A mídia de armazenamento pode ser o disco rígido, um *drive* externo USB ou *thunderbolt* ou, ainda, um *solid state drive* (SSD).

Esse tipo de gravação pode ser realizado totalmente pelo computador, isto é, sem a necessidade de equipamentos externos (*mixers*, equalizadores, compressores analógicos etc.). É a chamada *gravação in the box* (ITB), em contraponto à gravação *out of the box* (OTB).

Além das facilidades anteriormente mencionadas, em uma gravação ITB, por exemplo, é possível salvar todos os aspectos de uma mixagem (volume, pan, automações de *plugins* etc.), reabri-los depois de muito tempo e constatar que o resultado sonoro será o mesmo do original (isto é, quando da mixagem).

No entanto, não é possível assumir essa afirmação como totalmente verdadeira, pois podem ocorrer erros no momento de reabrir o projeto, como perda de pré-configurações (*presets*) ou de *samples*.

Uma das principais vantagens de se trabalhar com a gravação ITB se refere à atualização de *softwares* e de *plugins*. Na gravação OTB, para a atualização, faz-se necessário substituir o equipamento. Já na ITB, bastam alguns cliques e algum tempo para *download* e instalação. Outras diferenças entre os sistemas analógico e digital dizem respeito aos níveis de sinal (volume e decibels).

3.1.3 Volume e decibels

Anteriormente, explicamos que o som é transmitido por meio de expansões e compressões do ar que são captadas por nossos ouvidos ou por microfones.

O volume consiste na medida do nível de pressão do som, o *sound pressure level* (SPL). A unidade-padrão para a medida do SPL é o decibel (dB). Alexander Graham Bell, inventor do telefone, é a referência para o "B" dessa unidade. Contudo, 1 bel é um volume bastante intenso, razão pela qual se convencionou o uso do decibel, que corresponde a 1/10 de bel. Também por isso a preferência é pelo plural *decibels* (como no inglês), e não *decibéis* (embora essa forma seja amplamente difundida).

De acordo com Winer (2018), a menor intensidade de som que podemos captar é 0 dB SPL, e o limiar da dor está em 140 dB. Se um som tiver 100 dB SPL, será 100 dB mais alto do que o som mais baixo que podemos ouvir. O nível de 0 dB SPL tem uma pressão de 20 micropascal (µPa), uma unidade de medida de pressão em geral (não apenas do som).

Segundo o autor, os decibels funcionam em escala logarítmica, e adicionar decibels é, na realidade, fazer a multiplicação do SPL – ou volts, no caso de sinais elétricos (Winer, 2018). A multiplicação ocorre da seguinte forma:

- +6 db = 2 vezes o SPL ou volts;
- +20 db = 10 vezes o SPL ou volts;
- +40 db = 100 vezes o SPL ou volts;
- +60 db = 1.000 vezes o SPL ou volts;
- +80 db = 10.000 vezes o SPL ou volts.

Da mesma forma, ao reduzirmos os decibels, teremos as divisões deste modo:

- -6 db = 1/2 vezes o SPL ou volts;
- -20 db = 1/10 vezes o SPL ou volts;
- -40 db = 1/100 vezes o SPL ou volts;
- -60 db = 1/1.000 vezes o SPL ou volts;
- -80 db = 1/10.000 vezes o SPL ou volts.

Além dos decibels SPL, os níveis de sinal também são medidos por diferentes padrões de nível de sinal.

3.1.4 Padrões de nível de sinal

O nível de sinal é especificado em decibels. Os tipos mais comuns de padrões para expressar os valores correlacionados são dBu e dBFS. Segundo Winer (2018), a maioria dos equipamentos de áudio especifica os níveis de entrada e saída em dBu, sendo que 0 dBu corresponde a 0,775 V. A letra "u" significa *unloaded* (descarregado), porque não depende de uma carga específica. Essa unidade é utilizada para a calibragem do *volume unit* (VU), métrica bastante recorrente em *mixers* e *plug-ins* (Figura 3.2).

Com relação ao padrão dBFS, a sequência "FS" é de *full scale* (escala cheia), que consiste no **nível máximo** que um dispositivo (placa de som A/D/A) pode aceitar ou reproduzir (entrada ou saída de som). Quando o sinal estiver com mais do que 0 dBFS, ocorrerá distorção. Por esse motivo, é preciso cuidar com o nível de áudio em uma gravação e também na mixagem, para que os picos não ultrapassem 0 dBFS e, consequentemente, gerem resultados indesejados.

Figura 3.2 – Medidor de VU

Outras métricas importantes são o *peak level* (nível de pico de volume) e o *root mean square* (RMS) (nível médio de volume). O pico representa o máximo de volume que um sinal atinge. Uma onda quadrada, por exemplo, mantém-se no pico por mais tempo do que uma onda senoide. Esse é um dos fatores que nos levam a percebê-la com volume mais alto, pois sua média de volume é superior à da senoide, embora os picos sejam idênticos. O nível médio de volume considera a variação de volume em determinado tempo – geralmente, por volta de 300 ms.

3.1.5 Níveis de sinal e medidas

Conforme explicado por Winer (2018), medir o nível de sinal é uma importante parte da gravação e da mixagem, uma vez que cada mídia apresenta uma extensão limitada de volume. Por exemplo, considerando-se a gravação em fita, se o áudio for gravado com baixo nível, o ruído (do sistema analógico) será alto; se houver alto nível de sinal (sobrecarga) durante a gravação, ocorrerá distorção.

Os primeiros medidores de níveis de sinal foram os VU, mencionados anteriormente.

Ainda de acordo com Winer (2018), atualmente os medidores utilizam uma "escada" e podem mostrar tanto os picos como as médias de volume. A relevância disso se deve ao fato de que o ouvido humano responde à média de volume (RMS), e os dispositivos e *plugins* poderão distorcer nos picos se ultrapassarem o *clipping point* (0 dBFS no caso do áudio digital). Alguns medidores avisam quando ocorre *clipping* e, nesse caso, mantêm um sinal (geralmente, vermelho) de alerta, como demonstrado na Figura 3.3.

Figura 3.3 – Medidor de dBFS clipando em +2 dB

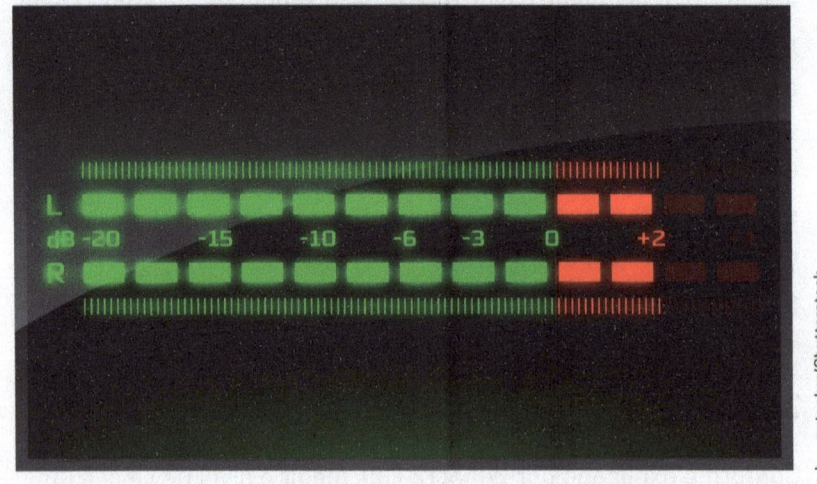

brem stocker/Shutterstock

Outra medida de intensidade de sinal que é muito difundida atualmente é o *loudness unit referenced to full scale* (LUFS). Segundo Lund (2013), o LUFS consiste em uma forma de medida que prioriza a percepção de intensidade pelo ouvido humano, já que não é significativo mensurar a intensidade em um intervalo menor que 400 ms.

A União Europeia de Radiodifusão já incluía essa unidade em seu documento de normalização de intensidade e níveis máximos permitidos de sinais de áudio, lançado em 2010. Esse texto indicava o nível máximo de -23 LUFS. Posteriormente, a referência mundial em níveis de *loudness* (intensidade) de áudio tornou-se a BS 1770-3, a qual é atualmente utilizada por plataformas de *streaming* de música.

Com a intenção de proporcionar uma experiência mais uniforme aos ouvintes, o Spotify (uma dessas plataformas) faz um processo de normalização em todas as músicas, ajustando as faixas em -14 dB LUFS, medida que está de acordo com o padrão estabelecido pela União Internacional de Telecomunicações. Na página para artistas, a plataforma também fornece algumas dicas para a masterização, tais como:

- manter o nível da *master* em -14 dB LUFS integrados;
- pico (*true peak*) abaixo de -1 dB (dBFS);
- se a faixa for mais alta que -14 dB LUFS, manter o pico em, no máximo, -2 dB (dBFS) (Spotify for Artists, 2023).

O Youlean Loudness Meter 2 (Figura 3.4) é um *plugin* gratuito da empresa Youlean que monitora os níveis de sinal em LUFS e também em outros padrões. É possível acompanhar tais níveis em tempo real e ajustar a música conforme os parâmetros requeridos pela plataforma desejada, para masterizá-la antes de exportá-la (para arquivo de áudio WAV), por exemplo.

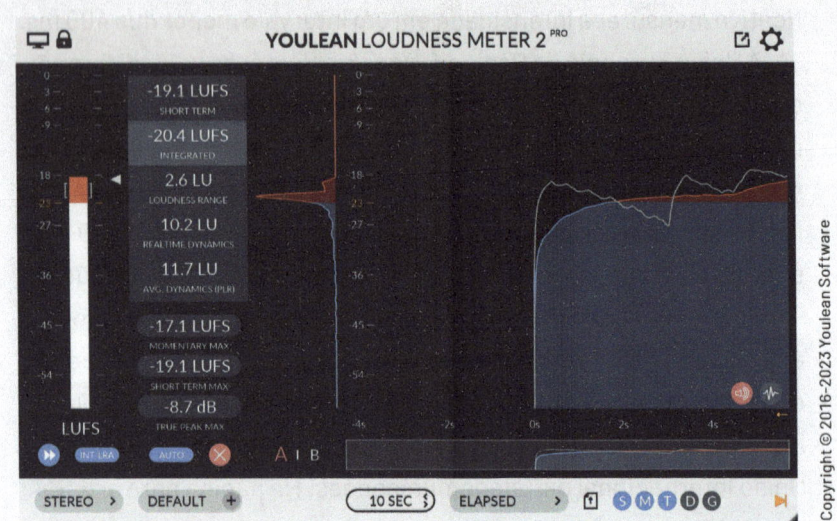

Figura 3.4 – *Plugin* Youlean Loudness Meter 2

Fonte: Youlean, 2023.

3.1.6 Sample rate

Sample rate (taxa de amostragem) consiste na quantidade de amostras por segundo pela qual o som é reproduzido. Na gravação digital, o processo de conversão do sinal analógico (voltagem) para o digital é chamado de *quantização* (que não deve ser confundida com a quantização rítmica).

Nessa conversão, são geradas amostras de áudio (*samples*). Portanto, quanto maior for a quantidade de amostras, maior será a fidelidade para gravar e reproduzir um som. Por outro lado, quanto menor for a quantidade de amostras, menor será a fidelidade e, também, maior será a quantidade de ruído. Observe a Figura 3.5, a seguir.

Figura 3.5 – Amostragem digital

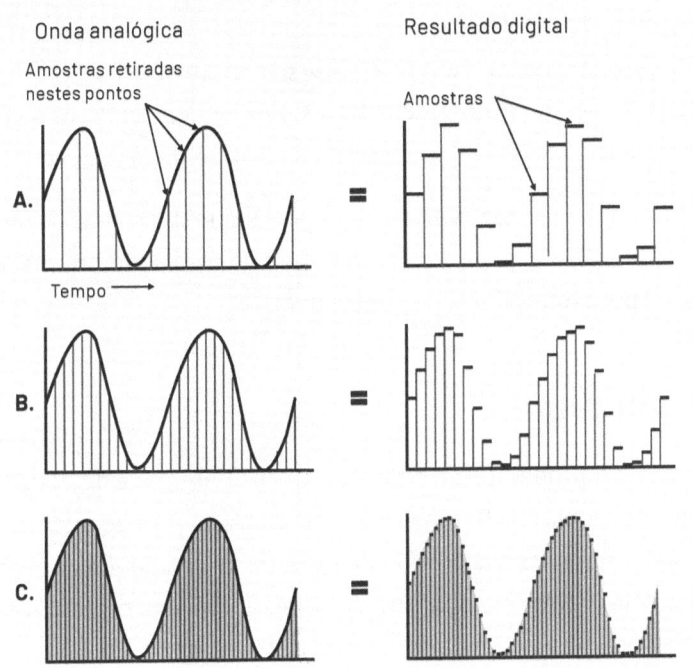

Fonte: Brown, 2021, tradução nossa.

Os gráficos à esquerda mostram o desenho da onda e a quantidade de amostras retiradas, e os gráficos à direita demonstram o resultado digital de tais amostras, variando sua fidelidade ao sinal original. O gráfico A apresenta menor quantidade de amostras; logo, sua fidelidade é menor que a do gráfico B, cuja fidelidade, por sua vez, é menor que a do gráfico C.

Mas por que 44.100 Hz de taxa de amostragem? As taxas mais utilizadas são:

- 44.100 Hz: padrão para as plataformas de *streaming* – uma herança da era do CD.
- 48.000 Hz: padrão para televisão, comerciais, filmes etc. Essa taxa é arredondada e relaciona-se melhor com as taxas de FPS (*frames per second*) dos arquivos de mídias visuais.

Existem outras taxas de amostragem superiores, mas há muita discussão sobre o assunto e nenhuma comprovação de que seja possível perceber diferenças entre elas.

3.1.7 Bit depth

Bit depth (profundidade de *bit*) consiste na quantidade de possíveis valores de amplitude (intensidade) de cada amostra de áudio (*sample*). Na prática, isso determina a faixa dinâmica de uma amostra de áudio de 0dB até a amplitude mais baixa (por isso, profundidade). Existem alguns valores padrão de *bit depth*, a saber:

- 24 *bits* = 144 dB de faixa dinâmica;
- 16 *bits* = 96 dB de faixa dinâmica;
- 8 *bits* = 48 dB de faixa dinâmica;
- 4 *bits* = 24 dB de faixa dinâmica.

Valores de profundidade de *bit* mais altos possibilitam que as músicas tenham maior expressividade dinâmica, o que pode ser interessante para algumas peças orquestrais ou trilhas de filmes, por exemplo.

É importante mencionar que todo sinal de áudio tem um ruído padrão que fica no nível mais baixo de intensidade (*noise floor*). Logo, os *bit depths* mais altos estão mais distantes desse ruído, gerando amostras de áudio com menor interferência do *noise floor*.

3.2 *Hardwares* para gravação

Após a captação, a informação do som é transmitida por meio dos cabos, os quais levam a informação analógica até a placa/interface de som ou, como já mencionado, a um conversor A/D/A. Sob essa perspectiva, com base nos conceitos vistos anteriormente, será possível entender as especificações dos *hardwares* para gravação.

Os *hardwares* essenciais para a gravação ITB são, basicamente, a placa ou interface de som, o sistema de monitoramento (por exemplo, fones de ouvido e/ou monitores de áudio apropriados) e o computador.

3.2.1 Placas e interfaces de som

As placas ou interfaces de som fazem a comunicação do mundo real com o digital, por meio da conversão A/D/A.

A interface apresenta uma ou mais entradas (canais), geralmente TR p10 e/ou XLR para microfones ou instrumentos, bem como o *phantom power* 48 V para microfones condensadores. Também há potenciômetros de controle de intensidade do sinal de entrada, acompanhados de *leds* que indicam a ocorrência de *clipping* ao lado de cada canal (como dito anteriormente, nesse caso, ficam vermelhos). Portanto, é mais seguro reduzir a intensidade do sinal pelo potenciômetro da placa ou pelo instrumento, caso seja viável.

Figura 3.6 – Closeup Shoot 2 canais de interface de áudio digital USB de cor vermelha com alimentação fantasma e alto-falante + interruptor de monitor de fone de ouvido

Dio Yudanto/Shutterstock

A placa apresentada na Figura 3.6 é uma Focusrite Scarlett 2i2, que tem a capacidade de gravar em até 192 kHz de taxa de amostragem (*sample rate*) e 24 de profundidade de bit (*bit depth*), contando com conexão USB 2.0 para comunicação com o computador (*softwares*, DAW).

Ainda, a interface conta com potenciômetros de controle de volume da saída principal (para os monitores de áudio) e para os fones. As placas têm conexão USB ou *thunderbolt* (entre outras), que envia o sinal convertido diretamente para o computador, sem a necessidade de outros cabos. As saídas de áudio para monitoração podem ser com conexões em TR p10, RCA ou XLR.

Algumas placas também têm entrada e saída MIDI para a conexão com controladoras e outros dispositivos MIDI (pedais de expressão, por exemplo). Certos *mixers* apresentam placas de som integradas, o que dispensa a utilização de uma placa de som separada.

3.2.2 Computadores

O computador é necessário para rodar os *softwares* de gravação, edição, estação de trabalho de áudio digital (DAW) etc. Todos os *softwares* apresentam uma lista de requisitos mínimos de *hardware*, e alguns disponibilizam na internet os requisitos "ideais" para seu completo funcionamento. Geralmente, há uma lista para Mac (Apple) e outra para Windows, como indicado a seguir.

Requisitos para rodar o Ableton Live 11

Live 11

Windows
- Windows 10 (Versão 1909 ou posterior), Windows 11
- Processador Intel® Core™ i5 ou um AMD *multi-core*
- 8 GB RAM
- 1366 × 768 resolução de *display*
- *Drive* de áudio compatível com ASIO e suporte (também recomendado para performance de áudio otimizada)

Mac
- macOS High Sierra 10.13 ao Monterey 12
- Processador Intel® Core™ i5
- Apple Silicon
- 8 GB RAM
- 1280 × 800 resolução de *display*
- Core Audio interface de áudio recomendada

Fonte: Elaborado com base em Ableton, 2023.

> **Requisitos para rodar o FL Studio 20**
> - Windows 8.1, 10 ou posterior
> - 4 GB de espaço livre em disco
> - 4 GB de RAM
> - Quando mais potente for a CPU, mais instrumentos e efeitos você poderá rodar
> - Para compras dentro do app: Internet Explorer 11 ou posterior
> - Intel e AMD CPUs. ARM não suportado

Fonte: Image-Line, 2023.

Primeiramente, elencamos os requisitos necessários para o *software* Ableton Live 11 (Mac e Windows) e, em seguida, as recomendações para rodar o FL Studio 20 (somente Windows). É importante observar que, quanto mais forte for a CPU do computador, maior será a quantidade de instrumentos e efeitos que poderão ser rodados simultaneamente (como consta na lista de requisitos do FL Studio). Essa observação se aplica a qualquer DAW.

Perceba que o FL Studio demanda menos configurações em relação ao Ableton Live e basta fazer uma pesquisa rápida na internet para verificar que o mesmo ocorre em relação a outras DAWs, como Pro Tools e Studio One. Trataremos dessa temática posteriormente.

Quanto aos computadores, a seguir apresentamos algumas percepções compactuadas por muitos produtores musicais:

- O processamento de som nos computadores Mac é muito mais rápido, fiel e robusto do que naqueles que utilizam o sistema operacional Windows. Em geral, os computadores da Apple, além de suportarem maiores quantidades de *plug-ins*, também comportam *plugins* mais pesados. Isso fica evidente na DAW Pro Tools

- Em geral, computadores do tipo *desktop* são mais rápidos e confiáveis do que *laptops*, mesmo que ambos tenham as mesmas configurações (mais adiante, apresentaremos algumas sugestões de *setup*).
- Algumas DAWs não funcionam tão bem em um sistema operacional quanto no outro. Por exemplo, o FL Studio, ótimo para Windows, ainda não se consolidou como uma DAW para Mac.
- Os computadores da Microsoft (portanto, com Windows) têm muito mais recursos gratuitos (DAWs, *plugins* etc.) disponíveis na internet do que os da Apple (Mac).

Outro aspecto relevante – podemos dizer, fundamental – em relação ao *hardware* para a produção musical é a monitoração. Monitorar é ouvir e conferir o material que se está manipulando, o som. É o que veremos na próxima seção.

3.3 Monitoração

Segundo Winer (2018), em um contexto de estúdio, o engenheiro de gravação/mixagem precisa saber como a gravação está realmente soando, incluindo alguma coloração adicionada propositalmente.

A monitoração pode ser feita com fones de ouvido ou monitores de áudio (alto-falantes). Os monitores de áudio podem ser de três tipos: (i) *near field*; (ii) *mid field*; e (iii) *far field*. Os *near field* são ideais para salas menores, para distâncias curtas (até 2 m do ouvinte), sendo próprios para *home studio*. Já os *mid field* precisam estar posicionados entre 2,5 e 3 m de distância, e os *far field*, a cerca de 3 m, o que não os torna adequados para *home studios*.

Cada monitor trabalha com uma resposta de frequência específica, que diz respeito à extensão do espectro sonoro que ele é capaz de reproduzir. Por exemplo, os monitores KRK Rokit 7 têm resposta de frequência entre 40 Hz e 40 kHz – além da audição humana. A resposta de frequência é graficamente demonstrada como apresentado a seguir.

Gráfico 3.1 – Resposta de frequência do monitor KRK Rokit 7

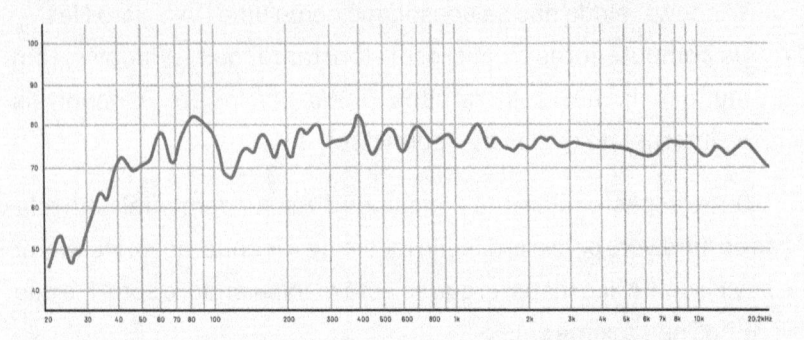

Fonte: Elaborado com base em KRK Rokit 7..., 2023.

O gráfico consiste em uma relação entre frequência e dB SPL. Repare que a resposta não é linear, ou seja, há bastante variação de dB conforme a frequência aumenta. Assim, quanto mais linear, mais neutro ou "transparente" será o monitor.

Winer (2018) destaca a importância de se dispor de um monitor que soe transparente, por ser mais adequado para identificar problemas na mixagem. A esse respeito, o autor ressalta que monitores com aberturas frontais (feitas para que haja ressonância e reforço dos graves) acabam gerando efeitos colaterais de falta de transparência, principalmente na região grave.

No entanto, dificilmente um monitor fornecerá uma resposta linear (transparente). Isso porque o mesmo alto-falante é usado para reproduzir uma extensa faixa (banda) de frequências. Além disso, cada sala apresenta um comportamento de propagação do som. Logo, a experiência de monitoração depende sempre desses dois fatores.

Uma solução que equaliza os monitores de acordo com a sala é o SonarWorks SoundID Reference. Por meio de um microfone de calibração e de um *software*, esse sistema equaliza a saída de áudio para uma resposta linear e transparente.

Em geral, os monitores são ativos (amplificador integrado) e consistem em um combo de *woofer* com *tweeter* ou mais falantes. Conforme Senior (2019), os monitores *near field*, mais comuns em estúdios pequenos, são mais convenientes por serem compactos, além de serem mais pesados, o que os mantém estáveis mesmo com a movimentação dos *woofers*.

Winer (2018) explica que o posicionamento dos monitores deve ser feito de modo a formar um triângulo equilátero com a posição do ouvinte. Portanto, os monitores devem estar rotacionados em 60° graus, conforme ilustra a Figura 3.7.

Figura 3.7 – Posicionamento dos monitores

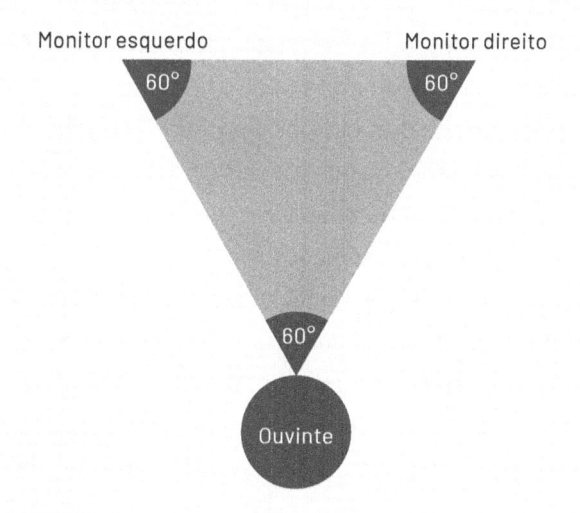

De acordo com Senior (2019), além do correto posicionamento dos monitores, é importante contar com uma sala tratada e trabalhar com volumes baixos, a fim de que o monitoramento seja transparente, o que colabora para tomadas de decisão mais assertivas.

O autor acrescenta que os *headphones* são uma forma suplementar de monitoramento, porém essencial, pois é neles que boa parte das pessoas costuma ouvir música. Segundo Rewak (2020), a maioria dos artigos sobre mixagem em fones não recomenda essa prática. Entretanto, trata-se de uma tradição honrada, pois até mesmo o produtor Skrillex produziu e mixou o álbum *Scary Monsters and Nice Sprites* inteiramente com fones.

Assim como existem diferentes tipos de monitores de estúdios, também são diversos os tipos de *headphones*. A seguir, apresentamos os seis principais (Landr Blog, 2021):

1. **Earphones (fones de ouvido com fio)**: contam com pequenos alto-falantes encaixados na cavidade auricular externa. São baratos e portáteis, mas apresentam muitas desvantagens para a produção musical, pois causam fadiga auditiva, têm baixa capacidade de reproduzir frequências graves e não são confiáveis para avaliar o balanço tonal.
2. **In-ear**: são parecidos com os *earphones*, porém entram no canal auricular, promovendo o isolamento dos sons do ambiente. Por isso, são muito utilizados por músicos que tocam ao vivo. Contudo, também não são confiáveis.
3. **Bluetooth**: fones de ouvido *bluetooth* são convenientes porque não demandam fios; no entanto, adicionam latência ao sinal. Além disso, para a transmissão, a música acaba sendo comprimida, o que resulta em perda de informação. Ademais, não funcionam com interfaces de áudio. O foco desses dispositivos

é o entretenimento. Outro aspecto a ser considerado é que tais fones emitem muita radiação, prejudicando a saúde no médio/longo prazo.
4. **On-ear**: fones *on-ear* situam-se no meio-termo entre um fone *in-ear* e um profissional. Sua fidelidade é maior que a do *in-ear*, embora não seja suficiente para produção/mixagem, já que seu foco também é o entretenimento.

Os dois próximos tipos se classificam como *over the ear*, sendo os mais utilizados para a produção musical.
5. **Closed-back**: apresentam bom isolamento, o que favorece a utilização para a gravação de vocal e de instrumentos microfonados. Todavia, podem gerar fadiga auditiva, e sua resposta de frequência não é tão transparente.
6. **Open-back**: é ideal para mixagem e masterização, pois é mais transparente e acarreta menos fadiga auditiva. O ponto negativo dos fones *open-back* é que não podem ser utilizados para a gravação de voz e de instrumentos microfonados, porque permitem o vazamento de som.

Quanto ao uso de *headphones* para mixagem/masterização, em comparação à utilização de monitores, existem prós e contras. Como pontos favoráveis, Rewak (2020) cita os seguintes:

- **Não há interferência por reflexões da sala**: essa é a maior vantagem quando não é possível trabalhar em um ambiente adequadamente tratado. As decisões de mixagem podem ser enviesadas por reflexões da sala, o que obviamente não acontece ao se utilizarem fones.
- **Preço**: segundo o autor, um bom *headphone* pode ser comprado por menos de mil reais (aproximadamente 140 dólares). Por sua

vez, no Brasil, atualmente, um par de monitores KRK Rokit 5 encontra-se na faixa de 4 mil reais.
- **Portabilidade**: fones de ouvido podem ser facilmente transportados, visto que são muito menores e mais leves que os monitores.
- **Melhor resposta de graves**: a menos que o produtor tenha um *subwoofer*, os *headphones* possivelmente entregarão uma melhor resposta de frequências graves.
- **Silêncio**: os fones, obviamente, não incomodam os vizinhos.

Na sequência, ainda de acordo com Rewak (2020), indicamos os pontos negativos vinculados à produção/mixagem com *headphones*:

- **Maior probabilidade de fadiga auditiva/perda auditiva**: uma música soa "melhor" quando está mais alta, então temos a tendência de aumentar o volume, o que leva a uma fadiga auditiva mais rápida ou, até mesmo, à perda auditiva. É necessário ter cuidado com o volume, além de fazer pausas, para não estimular demais os ouvidos.
- **Percepção diferente do "palco sonoro"**: os *headphones* enviam o som direto aos ouvidos, ou seja, sem enfrentar a resistência do ar ou sofrer reflexões do ambiente, fatores que existem em um estúdio ou em uma apresentação ao vivo, por exemplo. Além disso, cada lado do fone é percebido apenas pelo ouvido que está cobrindo, o que é diferente nos monitores, cujo som emitido é percebido pelos dois ouvidos. Isto é, há uma alteração na percepção de estéreo.

Rewak (2020) ainda afirma que a mixagem em monitores é "padrão" e ressalta que escolher essa opção não é apenas comum, mas importante.

Assim, para esse autor, os pontos positivos referentes à mixagem com monitores são os seguintes:

- **O resultado sonoro será potencialmente mais próximo dos contextos em que a música será tocada**: ou seja, em *clubs* (onde o som parte dos PAs), estes se parecem mais com monitores do que com fones.
- **Maior liberdade física**: com o *headphone*, é preciso ficar preso a um cabo, o que não ocorre com o uso de monitores. Além disso, os fones esquentam e fazem a orelha transpirar.

O único ponto negativo mencionado por Rewak (2020) – além dos citados ao se elencarem os prós do *headphone* – é o fato de que, se a sala não estiver adequadamente tratada, as reflexões enviesarão o monitoramento, prejudicando a tomada de decisões.

O autor finaliza sua análise afirmando que é possível fazer excelentes mixagens em ambos os sistemas, mas é necessário ter ciência dos aspectos positivos e negativos de cada um, além de testar a mixagem em outros sistemas de som (no carro, em aparelhos de TV, *smartphones* etc.), a fim de verificar inconsistências.

> Particularmente, concordo com as listas de prós e contras. Por isso, utilizo as duas formas de monitoramento, tanto os *headphones* como os monitores. Para os fones, eu uso o ATH-M50x, da Audio-Technica, que é *closed-back*. Já com relação aos monitores, utilizo os Rokit 7 G4, da KRK, que são *near field*. Recomendo ambos os sistemas, mas nunca deixo de conferir minhas mixagens em outros sistemas, como em aparelhos celulares ou no som do carro.

3.4 Outros equipamentos

Além dos equipamentos anteriormente mencionados (compressores, equalizadores, efeitos etc.), cabe elencarmos outros equipamentos interessantes para a produção musical. Nesse sentido, pré-amplificadores e *direct input boxes* (DIs) estão entre os mais importantes e comuns no trabalho do produtor musical.

3.4.1 Pré-amplificadores

O pré-amplificador tem uma função muito simples: aumentar a intensidade do sinal antes de uma entrada (placa de som, *mixer* etc.). Normalmente, é utilizado para microfones passivos e figura como o primeiro dispositivo em uma cadeia de equipamentos de áudio.

De acordo com Winer (2018), as características principais de um pré-amplificador são as mesmas de qualquer dispositivo de áudio: resposta de frequência, distorção e ruído. Se um pré é transparente, significa que não adiciona harmônicos ao sinal (coloração ou caráter). Entretanto, produtores podem utilizar os prés para colorir o timbre, como é o caso dos famosos Manley (Figura 3.8) e Avalon.

Figura 3.8 – Pré-amplificador Manley

Taijat David/Shutterstock

3.4.2 *Direct input box* (DI)

Também conhecido apenas como *direct box* (Figura 3.9), esse equipamento vem sendo usado para gravação e *performance* ao vivo desde a década de 1960. *Input* significa "entrada", e *direct* tem a ver com o fato de que essa entrada é diretamente ligada ao *mixer*, sem a necessidade de um microfone. Por exemplo, é possível conectar a DI diretamente à saída de uma pedaleira de guitarra ou a um piano elétrico. As funções da DI são, basicamente, ajustar a impedância e equilibrar o nível de sinal (Rewak, 2020).

A impedância consiste em um valor elétrico que mensura a quantidade de resistência à corrente em determinado circuito. A guitarra, por exemplo, tem alta impedância de saída (muita resistência), então, ao ser diretamente ligada em um *mixer*, sofrerá muita perda de informação no caminho (principalmente, de frequências agudas). Assim, a aplicação da DI, nesse caso, possibilitará a conversão do sinal da guitarra para baixa impedância.

Em algumas situações, equilibrar o nível de sinal é necessário. Por exemplo, os cabos TR não são balanceados; logo, podem contrair interferência externa. A DI tem entrada TR e saída XLR e, portanto, pode fazer a conversão para um cabo balanceado.

Algumas DIs ainda podem apresentar outras funções, como um botão para retirar o aterramento (adicionando um ruído de eletricidade ao sinal) e o *pad*, um botão que reduz o ganho de saída (em geral, em -20 dB).

Figura 3.9 – *Direct box*

Hendrik Sejati/Shutterstock

3.5 Sugestões de *setup* para gravação

Inúmeras são as formas pelas quais podemos produzir uma música. Atualmente, é possível fazer isso diretamente a partir de um *smartphone* ou *tablet*, utilizando o próprio microfone e os fones de ouvido do dispositivo para a captação de instrumentos ou voz e para a monitoração, respectivamente. Um exemplo de aplicativo gratuito que possibilita isso é o BandLab. Não há preconceito quanto às ferramentas, o que importa é o resultado.

Essa certamente é a maneira mais barata e portátil de se produzir música. Um *smartphone* é algo que muitos possuem, então não há custo com *hardware*. Aplicativos que simulam instrumentos, como o SuperDrum, possibilitam a gravação de bateria virtual com ótima qualidade para guias, por exemplo. Para os usuários de iOS, há o GarageBand e, para Android, o BandLab. Ambos simulam uma DAW completa e contam com bibliotecas bastante variadas de instrumentos virtuais. Ou seja, é possível criar uma música inteira e com ótimo nível de qualidade utilizando apenas o celular.

No entanto, o *smartphone* apresenta certas limitações, como a variedade e quantidade de *plugins* e o controle de parâmetros. O tamanho da tela também dificulta o processo de produzir/gravar/mixar a música. Além disso, a qualidade de gravação obviamente não é tão boa quanto a que podemos alcançar com um microfone profissional, tampouco o monitoramento é igual ao realizado com o uso de um fone profissional.

Considerando o exposto, a seguir indicaremos alguns elementos que podem compor um *setup* mínimo para a produção musical com gravação, o que compreende um computador, um fone de ouvido e um microfone.

Em seguida, apresentaremos algumas considerações a respeito de como melhorar esse *setup* – adicionando ou substituindo elementos, por exemplo. É importante mencionar que os equipamentos de áudio (*audio gear*) representam o componente que demanda a maior parte do orçamento referente ao trabalho com produção musical. Contudo, aqui será considerada uma boa relação custo-benefício.

3.5.1 Computador (PC)

O computador pode ser um *laptop* ou um *desktop*. A principal vantagem de um *laptop* é a portabilidade. Se você prioriza trabalhar de qualquer lugar, certamente essa escolha fará mais sentido. Entretanto, o *laptop* é mais caro que um *desktop* que tenha as mesmas configurações. Ademais, as formas de carregamento, a disponibilidade de tomadas, a durabilidade da bateria e, até mesmo, a necessidade de substituí-la são aspectos a serem levados em conta. Ainda, o *laptop* precisa ter saída para fones (estéreo) e entrada para microfone (mono) (sendo p2 a mais comum, mas também pode ser uma entrada USB).

Um *laptop* de entrada para produção musical é o Acer Aspire 5 A515, que conta com 8 GB de memória RAM, processador Intel i5 e SSD de 512 GB. Atualmente, seu preço está na faixa de 3,4 mil reais. Porém, um PC *desktop* (Figura 3.10) pode ser montado com as mesmas características, custando por volta de 2 mil reais.

Figura 3.10 – PC *desktop* para produção musical

Humberto Laiza/Shutterstock

3.5.2 *Headphone*

A monitoração desse PC básico é feita com *headphones*, já que, como informamos anteriormente, são bem mais baratos do que os monitores. Um bom *headphone* de entrada é o Sennheiser HD 206 (Figura 3.11), que apresenta resposta de frequência de 21 Hz a 18 kHz e nível de pressão sonora de 108 dB SPL. Trata-se de um fone leve e confortável, que pode ser encontrado por 150 reais.

Figura 3.11 – Sennheiser HD 206

3.5.3 Microfone

O microfone USB é uma alternativa interessante em razão de seu custo-benefício, uma vez que, para ligá-lo, não é necessária uma interface de áudio nem *phantom power*, pois a alimentação é feita pelo próprio USB.

A marca Blue de microfones é bastante conhecida internacionalmente e, há pouco tempo, lançou um microfone cujo custo é bem menor em comparação com o dos outros produtos que a empresa comercializa. O microfone que indicamos se chama Blue Snowball Ice, um condensador com padrão polar cardioide que capta com resposta de frequência entre 40 Hz e 18 kHz e *sample rate* de 44.1 kHz em 16 *bits*. Pesa menos de 0,5 kg e tem um tripé para apoio incluso, o que permite fazer *streamings* e *podcasts*. Esse microfone pode ser encontrado na internet por um valor na faixa de 300 reais. No entanto, ele apresenta a desvantagem de gerar latência (atraso), o que pode atrapalhar o processo de captação.

3.5.4 Adicionais

Interface de áudio, monitores e controladores MIDI podem ser adicionados ao *setup* de acordo com as possibilidades de orçamento.

A primeira aquisição adicional certamente deve ser uma interface de áudio USB, que possibilita conectar os monitores e gera menos latência no áudio. Uma interface de ótimo custo-benefício é a Behringer UMC22 (Figura 3.12), que conta com um pré-amplificador integrado, *phantom power*, entradas XLR e TR p10 e saídas para fones e monitores, além de gravar em até 48 kHz de taxa de amostragem e 16 bits (*bit depth*).

Figura 3.12 – Behringer UMC22

Alfans Project/Shutterstock

Como próxima aquisição, sugerimos a compra de monitores (caso seja viável, obviamente). Apesar das muitas recomendações acerca do tratamento acústico da sala, os monitores, se usados com volume baixo (mais baixo do que o de uma conversa), gerarão reflexões bem menores, as quais não chegarão a comprometer significativamente o resultado almejado. Além disso, como representam outra referência de sistema de som, é muito válido tê-los.

Os monitores PreSonus Eris E3.5 BT-3,5 apresentam resposta de frequência entre 80 Hz e 20 kHz, 100 dB SPL, entradas balanceadas TRS p10, além de conexão via *bluetooth* (não recomendado para produção, por conta da latência). Podem ser encontrados na faixa de 1,3 mil reais.

Um controlador MIDI facilitará e tornará mais "humana" (ou menos "robótica") a entrada de informação MIDI (notas, automação etc.) em seu projeto. A M-Audio Keystation Mini 32, com 32 teclas, é um controlador pequeno que cumpre com seu objetivo e tem a qualidade esperada de um produto cuja empresa é tradicional no mercado. Seu preço, atualmente, está em torno de 750 reais.

▷▷ Resumo da ópera

Neste capítulo, primeiramente abordamos a captação de áudio, expondo suas características e as diferenças entre as gravações analógica e digital. Também explicamos alguns conceitos relevantes, como volume e decibel, padrões e níveis de sinal e medidas.

Em seguida, com relação ao *hardware* para gravação, destacamos a interface de áudio, descrevendo sua anatomia e suas funções. Fizemos uma revisão sobre os computadores e as configurações necessárias para que possam rodar as estações de trabalho de áudio digital (DAWs).

Na sequência, quanto à monitoração, elencamos os tipos de monitores de estúdio (*near*, *mid* e *far field*) e, ainda, apresentamos um gráfico de resposta de frequência de um monitor. Além disso, demonstramos o posicionamento adequado para a monitoração, que deve formar um triângulo equilátero com a posição do ouvinte.

Depois, discorremos sobre outros equipamentos de gravação. Destacamos o pré-amplificador, que serve para aumentar o nível de sinal antes da entrada em determinado equipamento (e que também pode adicionar coloração a esse sinal), e a *direct input box* (DI), cujo principal papel é balancear o sinal a longas distâncias, além de outras funcionalidades.

Por fim, apresentamos algumas sugestões de equipamentos essenciais para a montagem de um *setup* de gravação, considerando a melhor relação custo-benefício possível.

Teste de som

1. Assinale com V ou F as afirmações a seguir:
   ( ) Além do alto custo, as gravações analógicas demandam um bom espaço físico e, frequentemente, os equipamentos envolvidos precisam passar por manutenções e, até mesmo, ser substituídos.
   ( ) A edição de uma gravação em fita é tão simples e precisa quanto a de uma gravação digital.
   ( ) A expressão *gravação analógica* se refere à gravação em CD.
   ( ) A gravação analógica também é conhecida como *in the box*.

( ) A gravação digital pode ser realizada apenas com um computador e um microfone, sem a necessidade de equipamentos como mesa de som e pré-amplificadores.

( ) A sonoridade dos equipamentos analógicos é facilmente reproduzida com *plugins*.

Agora, marque a alternativa que apresenta a sequência obtida:

a) V, F, V, F, V, F.

b) V, V, F, F, V, F.

c) V, F, F, F, V, F.

d) V, F, F, F, V, V.

e) V, F, F, V, V, F.

2. Assinale com V ou F as afirmações a seguir:
   ( ) A sigla LUFS significa *loudness unit referenced to full scale*, que consiste em uma unidade de intensidade sonora com referência na escala cheia.
   ( ) SPL é a sigla para *sound pressure level*, que é o nível de frequência sonora.
   ( ) A preferência é pelo plural *decibels*, e não *decibéis*.
   ( ) Um aumento de 6 dB equivale a dobrar a intensidade do SPL.
   ( ) -14 LUFS é o nível recomendado para enviar uma faixa de música ao Spotify.
   ( ) Uma diminuição de -20 dB corresponde a dividir por dez a intensidade do SPL.

Agora, marque a alternativa que apresenta a sequência obtida:

a) V, F, V, V, V, V.
b) V, F, V, V, F, V.
c) V, F, F, V, V, F.
d) F, F, V, V, V, F.
e) F, V, V, V, V, V.

3. Assinale com V ou F as afirmações a seguir:
( ) Os *hardwares* essenciais para a gravação ITB são, basicamente, um computador, uma placa ou interface de áudio e um sistema de monitoramento.
( ) A interface de áudio é um conversor D/A/D (digital, analógico, digital).
( ) O sistema de monitoramento pode ser por fones e/ou por monitores de áudio.
( ) A posição e o direcionamento dos monitores devem formar um triângulo retângulo com a posição do ouvinte.
( ) Recomenda-se mixar apenas com fones.
( ) *Laptops* são superiores a *desktops* para desempenhar tarefas de áudio.

Agora, marque a alternativa que apresenta a sequência obtida:

a) V, V, V, F, F, V.
b) V, V, V, F, F, F.
c) V, F, V, F, F, V.
d) V, V, F, F, F, V.
e) F, V, V, F, F, V.

4. Assinale com V ou F as afirmações a seguir:
   ( ) Os monitores de áudio tendem a gerar maior fadiga auditiva do que os fones.
   ( ) Os fones mais recomendados para a mixagem são os *bluetooth*.
   ( ) Os monitores proporcionam melhor percepção de estéreo (palco sonoro) do que os fones.
   ( ) Não é necessário checar a mixagem em outros sistemas de som (som do carro, *smartphone*, televisão etc.).
   ( ) A única vantagem dos fones é a portabilidade.
   ( ) É possível fazer boas mixagens em ambos os sistemas, fones ou monitores, mas é necessário ter consciência das limitações inerentes a cada um e, também, checar os resultados em outros sistemas de som.

   Agora, marque a alternativa que apresenta a sequência obtida:
   a) F, F, V, F, F, F.
   b) F, F, V, F, V, V.
   c) F, F, F, F, F, V.
   d) V, F, V, F, F, V.
   e) F, F, V, F, F, V.

5. Assinale com V ou F as afirmações a seguir:
   ( ) DI é a sigla para *direct input box* ou simplesmente *direct box*.
   ( ) Os pré-amplificadores, além de aumentarem a intensidade do sinal, podem adicionar coloração a ele.
   ( ) A *direct input box* serve basicamente para ajustar a impedância e equilibrar o nível de sinal.

( ) As DIs podem fazer a conversão de um cabo desbalanceado para um balanceado.
( ) O botão *pad* nas DIs reduz o ganho de saída em, geralmente, -20dB.
( ) É possível fazer produções de excelente nível apenas com um celular.

Agora, marque a alternativa que apresenta a sequência obtida:

a) V, V, F, V, V, V.
b) V, V, F, V, V, F.
c) F, V, F, V, V, V.
d) F, F, F, V, V, V.
e) V, V, V, V, V, V.

Treinando o repertório

Questões para reflexão

A música *Umbrella*, da cantora Rihanna, foi inicialmente produzida no *software* GarageBand. Artistas como Usher, Radiohead, James Blunt, Fall Out Boy, entre outros, também têm músicas produzidas nessa mesma DAW, considerada mais acessível para iniciantes. Martin Garrix produziu *Animals* em um cômodo de sua casa, aparentemente sem tratamento acústico, com monitores KRK parecidos com os que tenho. Skrillex produziu e mixou seu álbum *Scary Monster and Night Sprites* apenas com fones de ouvido, como mencionamos anteriormente.

Certamente, todos esses artistas fizeram boas produções e finalizações dessas músicas, do contrário, estariam "queimando o filme". O que estou querendo dizer é que todas as regras e técnicas conhecidas como "boas práticas" ficam em segundo plano quando a música é boa. É comum culparmos o equipamento ou nos justificarmos por conta de algum recurso que não temos, em vez de somente fazermos música.

A música boa já nasce boa, mas só nascerá se você realmente começar a produzir. No início, quantidade valerá mais do que qualidade, pois, dessa forma, você estará afinando seu cérebro com a DAW e aprendendo mais rapidamente. Então, produza cem músicas. É possível que 99 sejam ruins, mas uma seja boa. E esta será a música que poderá alavancar sua carreira como produtor musical.

1. Nos diferentes contextos musicais de que você faz parte ou que frequenta, você identifica pessoas que justificam o insucesso na música pelo equipamento/*software* ou pela falta destes? Que conselho você daria a elas?

2. Com o acesso a equipamentos que permitem fazer gravações em casa, você percebe que os músicos estão ensaiando e se encontrando pessoalmente cada vez menos? Em seu ponto de vista, quais são as vantagens e as desvantagens dessa situação?

Atividade aplicada: prática

1. Visite três estúdios/*home studios* de portes diferentes e liste todos os equipamentos utilizados, desde a captação até a monitoração. Acrescente informações sobre as características de todos os equipamentos, como resposta de frequência

dos monitores/fones, processamento do computador, sistema operacional, DAW utilizada, entre outras. Quanto mais informações você conseguir, melhor. Pergunte ao proprietário o porquê de cada escolha. Por fim, elabore um relatório a respeito dessa experiência.

Capítulo 4
ESTAÇÃO DE TRABALHO DE ÁUDIO DIGITAL

Neste capítulo, trataremos das *digital audio workstations* (DAWs), ou estações de trabalho de áudio digital. Primeiramente, analisaremos o conceito de DAW. Depois, apresentaremos as principais DAWs, considerando suas semelhanças e particularidades. Em seguida, abordaremos as operações com áudio em uma DAW, as operações com MIDI e, por fim, outras funcionalidades que podemos encontrar nessas ferramentas.

4.1 Conceito de *digital audio workstation* (DAW)

De acordo com Winer (2018), os *softwares* de produção musical atuais servem tanto como gravadores multipistas quanto como *mixers*. *Softwares* mais sofisticados têm um conjunto de efeitos como equalizadores, *reverbs* e compressores, e alguns ainda contam com instrumentos virtuais, como sintetizadores e *drum machines*, que podem ser controlados por MIDI.

Segundo o autor, algumas pessoas consideram que a DAW se refere ao computador com o qual se trabalha com áudio. Outras a entendem como o sistema na íntegra (*hardware* e *software* de áudio), e também há quem pense que a DAW é apenas o *software*. Para Winer (2018), uma DAW é o sistema completo, mas ele admite ser válido considerá-la separadamente do *hardware*. Nesta obra, consideraremos que a DAW se constitui no *software*.

Conforme Manning (2013), a DAW apresenta grande versatilidade, por ser um *software* que acomoda um vasto repertório de aplicações. O autor menciona que, no fim dos anos 1980, houve um progresso significativo em aplicações de edição e sequenciamento

MIDI. Posteriormente, suas funcionalidades foram aprimoradas também para a gravação e a edição de áudio.

A capacidade de processamento em tempo real dos computadores pessoais consistia na principal barreira para o progresso das DAWs, mas esta foi superada com o desenvolvimento de placas de som, passando por uma importante evolução com o lançamento do *software* Pro Tools, em 1991, uma das DAWs mais usadas até hoje.

Outro aspecto diz respeito à capacidade de processamento de múltiplas informações de áudio simultaneamente (multipista/canais). Inicialmente, essa possibilidade era praticamente exclusiva do Pro Tools, mas foi sendo aprimorada de modo a acompanhar a evolução do computador pessoal na década de 2000.

A Steinberg, empresa responsável pela DAW Cubase, lançou no mercado uma inovação chamada *time bandit*, uma aplicação que, além de auxiliar no processamento de áudio, trazia também dois algoritmos adicionais, um para *time stretching* (esticar ou diminuir o tempo de uma amostra de áudio) e outro para *pitch shifting* (alterar a frequência da amostra de áudio).

Na metade dos anos 1990, ocorreu um dos avanços mais significativos para as DAWs, que emergiu do conceito de *plugin*. Segundo Manning (2013), um *plugin* é um módulo com funções de síntese ou processamento de sinal que pode ser facilmente importado para um canal ou uma faixa de gravação de áudio ou MIDI. Ainda de acordo com o autor, embora os *plugins* demandem mais processamento, são atrativos porque proporcionam mais facilidades e flexibilidade, desde uma básica reverberação até a modelagem de sintetizadores *vintage* (Manning, 2013).

A primeira companhia a se especializar nos *plugins* foi a Waves, fundada em 1992. No começo, a empresa lançou o equalizador gráfico Q10 e, em seguida, desenvolveu compressores, *limiters*, *imagers* etc. Ela não desenvolveu nenhuma DAW, apenas os chamados *third party plugins*.

Em 1996, a Steinberg lançou seu próprio protocolo de *plugin*, conhecido como *virtual studio technology* (VST), ou tecnologia de estúdio virtual. Posteriormente, em 1999, houve uma expansão significativa desse protocolo, que permitia aos *plugins* que geravam vozes instrumentais serem diretamente controlados por MIDI. O novo protocolo é comumente chamado de VSTi ("i" de *instrument*).

Winer (2018) afirma que o fluxo de sinal (o caminho percorrido pelo áudio em um sistema de gravação e edição de áudio) em uma DAW é basicamente o mesmo que ocorre em um *mixer* de grande porte, com total automatização. Ambos apresentam botões de volume e panorama, canais auxiliares de envio (*send*) e retorno (*return*) e, geralmente, uma infinidade de *plugins*, entre outros elementos.

Desde então, para o desenvolvimento das DAWs, as empresas responsáveis vêm se concentrando em melhorar a qualidade (permitindo um *sample rate* de 192 kHz, por exemplo), mediante um otimizado desempenho de processamento (mínimo de atraso possível - acompanhando a evolução do computador pessoal) e o aumento da capacidade de informação simultânea (áudio e MIDI) de entrada e saída, processada em tempo real.

É importante mencionar que existe uma vertente de desenvolvimento de DAWs que se preocupa em tornar mais intuitivo o processo de produção musical, a fim de contemplar os usuários menos experientes (*user friendly*), a exemplo do GarageBand, que é uma DAW mais acessível que a Logic Pro, ambas da Apple.

Além disso, existem DAWs que podem ser acessadas virtualmente, tais com a Audiotool e a Soundtrap, esta última desenvolvida pelo Spotify. Tais ferramentas são muito práticas, pois funcionam diretamente no navegador de internet, sem precisar de instalação.

Apresentam basicamente as mesmas funcionalidades das principais DAWs, embora tenham algumas limitações, como a impossibilidade de utilizar *plugins* externos.

4.2 Principais DAWs

De acordo com Rogerson (2023), o aspecto mais importante de uma DAW é possibilitar ao usuário a transformação de ideias em música da maneira mais rápida e menos sofrível possível, a fim de inspirá-lo a seguir criando. Segundo o autor, todas as DAWs permitem que se faça música, então não há uma definição para distinguir entre a melhor e a pior, mas apenas pequenas diferenças relativas ao modo como operam.

4.2.1 Ableton Live

O primeiro Ableton Live foi lançado em 2001 e, atualmente, o *software* já está em sua décima primeira versão. Quando surgiu no mercado, trouxe inovações não apenas no sentido de ser uma DAW para compositores e produtores, mas também por se tratar de um instrumento por si só – algo como um "estúdio tocável".

Figura 4.1 – Ableton Live

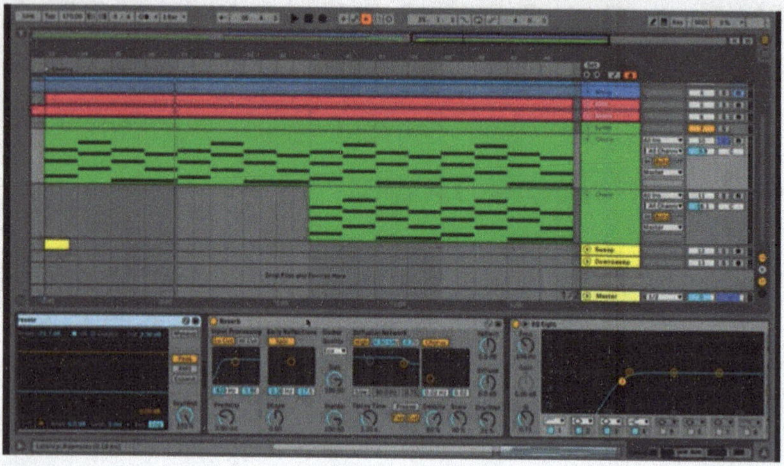

Fonte: Ableton, 2021.

Com relação a essa ferramenta, Rogerson (2023) identifica como pontos positivos: o fluxo de trabalho (*workflow*), que, por ser bastante rápido, contribui para a criatividade; excelentes aplicações nativas (*plugins*); a utilização por muitos artistas de vários gêneros, como Imagine Dragons e Skrillex. O principal ponto negativo é que as atualizações são pagas e nem sempre se mostram necessárias.

4.2.2 FL Studio

O FL Studio, originalmente lançado como FruityLoops pela empresa Image-Line, em 1997, tem o *status* de DAW icônica para produtores de *electronic dance music* (EDM) e hip-hop (Rogerson, 2023). Isso pode ser confirmado mediante a análise da lista de artistas que endossam a DAW, como Martin Garrix e Metro Boomin. Os pontos positivos apontados pelo autor são o preço acessível e as atualizações vitalícias gratuitas, sempre com melhorias e novidades em funcionalidades, *plugins* etc. O único ponto negativo diz respeito à interface gráfica de usuário, que pode parecer desordenada.

Figura 4.2 – FL Studio

© 2023 Image Line Software

Como sugere o primeiro nome dado ao *software* (FruityLoops), ele inicialmente funcionava como um sequenciador MIDI (criava *loops*), em uma proposta gamificada de produção musical – essa funcionalidade ainda existe em sua interface. Outros diferenciais do FL são os *patterns* (padrões), que podem conter informações MIDI de vários instrumentos simultaneamente, e a tela de arranjo (*playlist*), que não se restringe a apenas um instrumento por faixa.

Atualmente, a DAW está na versão 20, que corresponde à décima terceira versão - o "20" foi utilizado em comemoração aos 20 anos da criação do *software*. Na atual versão, o destaque está no lançamento do *plugin* nativo FLEX, que funciona como uma biblioteca de timbres analógicos e digitais, com botões que possibilitam a manipulação de parâmetros para a personalização dos sons.

> Como produtor profissional e professor oficialmente reconhecido pela Image-Line, posso afirmar que é possível produzir, mixar e masterizar qualquer tipo de música com qualidade profissional no FL Studio. Outra vantagem é que você pode facilmente encontrar na internet projetos de produções (os "flp") concluídas ou em andamento, pois a DAW conta com uma grande comunidade engajada que compartilha seus próprios projetos. Assim, eles podem servir como ferramenta de estudo ou, ainda, ser aproveitados em produções.

4.2.3 Apple Logic Pro

Originalmente lançada em 2001 com o nome Emagic, a DAW passou a ser chamada Logic Pro em 2002, quando foi comprada pela Apple (Manning, 2013). Em sua última versão (PRO X 10.5), o *software* implementou diversas funcionalidades presentes nas ferramentas dos concorrentes, como o *Live Loops* (usado para *performances* ao vivo, principalmente) e o sequenciador *step sequencer*.

Segundo Rogerson (2023), um dos pontos positivos dessa DAW é que o *Live Loops* cumpre seu papel de proporcionar uma experiência não linear, e as aplicações Drum Synth e Drum Machine aprimoraram consideravelmente a produção de baterias e percussões. Entre os pontos negativos estão os problemas de funcionamento na utilização de alguns *third party plugins*. É importante mencionar que essa DAW funciona exclusivamente em computadores Mac (Apple).

4.2.4 Cockos Reaper

De acordo com Rogerson (2023), o Reaper é uma DAW com um dos melhores custos-benefícios do mercado (preços a partir de 60 dólares). Sua versão de demonstração é completamente funcional e vale por 30 dias. Após esse período, o programa permanece operando, mas passa a exibir um aviso informando ao usuário que ele deve adquirir a licença.

Figura 4.3 – Cockos Reaper

REAPER é uma marca registrada da Cockos Incorporated, usada com permissão.

Fonte: Cockos Incorporated, 2015.

Além do preço, outros pontos positivos dessa DAW são os seguintes: demanda pouquíssimo espaço de armazenamento (menos de 20 MB); é bastante responsiva (ao dar *zoom* e mover os itens, tudo é bem rápido e fluido); tem capacidades de áudio/MIDI bastante sofisticadas. O único ponto negativo apontado pelo autor é que ela apresenta poucos *plugins*, o que demanda do usuário várias aplicações *third party*.

4.2.5 AVID Pro Tools

O *software* que detém a qualidade "padrão da indústria" (*industry standard*) para gravação e pós-produção, o Pro Tools, foi lançado em 1991 e sempre esteve na vanguarda desse mercado. De acordo com Rogerson (2023), para o contexto de *home studio*, a ferramenta não teve grande impacto. No entanto, ela é utilizada em inúmeros estúdios espalhados por todo o mundo.

Como ponto positivo, Rogerson (2023) aponta o *workflow* aprimorado, graças ao qual o produtor pode manipular as faixas sem pausar a música, o que lhe permite experimentar efeitos e fazer edições com mais liberdade e fluidez em seu processo criativo. Há, também, um sistema de armazenamento dos projetos na nuvem, o Avid Cloud Collaboration, que possibilita a conexão com outros usuários. Como aspecto negativo dessa ferramenta, o autor cita o fato de ela não contemplar funcionalidades para produções não lineares.

4.3 Operações com áudio nas DAWs

Segundo Winer (2018), uma DAW tem como premissa básica a capacidade de gravar cada instrumento em uma faixa separada armazenada em um arquivo Wave. Essa faixa contém um ou mais clipes – arquivos WAV inteiros ou em pedaços. Não é necessário que um clipe de áudio tenha duração idêntica à da produção inteira, a menos que haja sinal – as partes de silêncio são desnecessárias, pois consomem espaço de armazenamento e não influenciam no resultado sonoro. Por isso, um projeto normalmente apresenta clipes espaçados na tela de arranjo, como ilustra a Figura 4.4.

Figura 4.4 – FL Studio – tela de arranjo

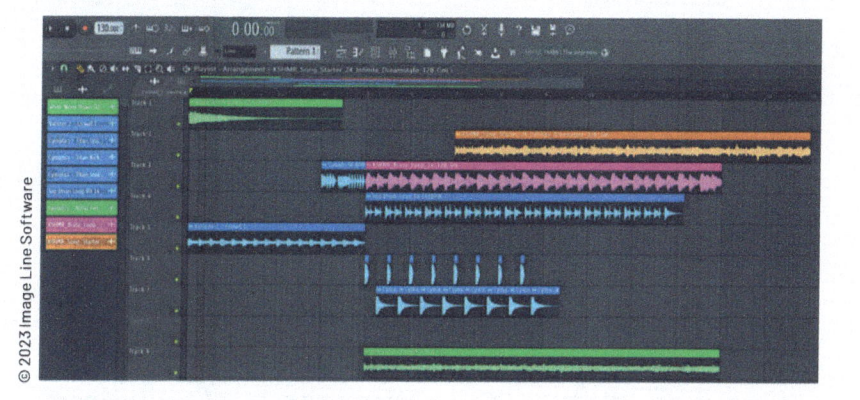

© 2023 Image Line Software

4.3.1 *Slip-editing, cross-fading e looping*

Em cada clipe de áudio, ou em um grupo deles, é possível fazer algumas operações. Nesse sentido, duas funcionalidades poderosas de uma DAW são o *slip-editing*, que envolve cortar pontos de início e fim de um clipe sem alterar o arquivo de áudio, e o *cross-fading*, que consiste em fazer uma automação de transição de volume quando há sobreposição de clipes – o anterior diminui, e o próximo aumenta o volume gradativamente, com o objetivo de evitar a descontinuidade do som.

Já o *looping* diz respeito à definição de dois pontos, um inicial e outro final, para a repetição constante, o que é muito útil em *performances* ao vivo ou para testar alterações em determinado trecho, entre outras aplicações. A possibilidade de emendar dois clipes pode resultar em uma *performance* melhor ou, ainda, servir para criar variações do material sonoro com fins composicionais e artísticos.

Além dessas operações, existe também o efeito *stutter*, o qual corresponde a um trecho de uma *track* ou da *mix* completa que se repete rapidamente.

Figura 4.5 – Clipe de áudio com automações

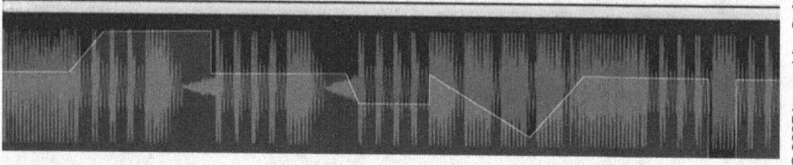

© 2023 Image Line Software

O clipe de áudio (Figura 4.5) é mostrado como uma forma de onda (*waveform*), e as linhas e os vértices representam as automações que podem controlar volume, paneamento ou quaisquer outros parâmetros da faixa, bem como de *plugins*.

As automações podem ser criadas por meio de um controlador MIDI. Os vértices indicam onde haverá mudança no valor de um parâmetro. Por exemplo, à direita da imagem, há uma diminuição abrupta e, em seguida, uma breve retomada na automação, que pode representar o volume sendo totalmente diminuído apenas naquele pequeno trecho.

4.3.2 Normalização

De acordo com Winer (2018), a normalização (Figura 4.6) é um processo que permite o aumento do volume de uma faixa inteira até o nível em que a parte mais alta dessa faixa fique abaixo do permitido (0 dBFS, por exemplo). Normalmente, ela é realizada após a mixagem final/masterização, mas também pode ser utilizada para manter a consistência de volume entre os clipes de áudio.

As plataformas de *streaming* recorrem à normalização para melhorar a experiência do usuário, e as emissoras de TV trabalham com padrões de normalização para evitar que o volume dos comerciais seja mais alto que o dos programas (quem nunca se assustou com o volume da TV em um intervalo comercial que atire a primeira pedra!).

Figura 4.6 – Normalização em um *sample*

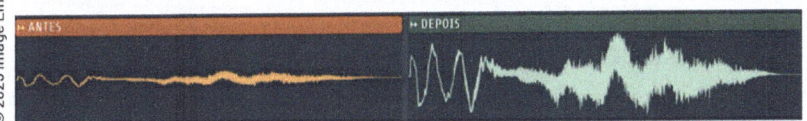

4.3.3 Inverter (*backward*)

Segundo Winer (2018), inverter o áudio cria um efeito interessante, comumente aplicado a pratos, *reverbs*, solos de guitarra e, até mesmo, trechos da *mix* completa. Isso também pode ser usado em vocais, percussões ou a quaisquer outros elementos; o que vale é a criatividade. Reverter o áudio faz com que ele toque do fim para o começo e, assim, o envelope dinâmico também é invertido, o que pode ser interessante para gerar efeitos de *crescendo*.

Figura 4.7 – *Sample* antes e depois de inverter (*backward* ou *reverse*)

© 2023 Image Line Software

4.3.4 Processamento

Os processamentos abordados no Capítulo 2 também se enquadram no contexto das DAWs. Processadores dinâmicos (compressores), de frequência (equalizadores) e de tempo (*reverb* e *delay*) podem ser utilizados em clipes específicos ou em grupos de canais, com objetivos de composição ou mixagem.

4.3.5 Exportar

Exportar, renderizar ou fazer um *bounce* significa a mesma coisa: criar um novo arquivo de áudio (em Wave ou em outro formato) a partir de todas as informações de áudio/MIDI contidas no arranjo do projeto. É possível exportar em mono, estéreo, com *bit depth* e *sample rates* preferidos etc.

Winer (2018) alerta para o caso de uma *track* estéreo ser convertida para mono, cujo resultado final poderá exceder 0 dBFS (zero digital) caso os canais esquerdo e direito apresentem informações similares e estejam em um volume próximo do máximo. Como eles serão somados, poderão gerar distorção. Nessa conversão também pode ocorrer o cancelamento de fase, causando perdas de informação. Por isso, é necessário conferir a compatibilidade em mono (monocompatibilidade) de uma faixa de áudio antes de renderizar.

4.4 Operações com MIDI

Para Winer (2018), a maioria das DAWs que opera com MIDI atua de modo similar ou tem características básicas idênticas.

Anteriormente, abordamos diversas operações com clipes de áudio, tais como *slip-editing* e *looping*, além da própria gravação. Essas operações também podem ser aplicadas à informação MIDI, mas existem outras maneiras de manipular esse tipo de dado.

Conforme explicado por Winer (2018), MIDI é informação, e não áudio. Portanto, parâmetros como altura, duração e intensidade (por meio do *velocity*) são facilmente manipuláveis. *Plugins* mais avançados permitem que qualquer parâmetro seja controlado pelo *velocity* ou pela altura, como é o caso do sintetizador VSTi Vital (gratuito), incluindo paneamento, filtros, entre outros. O autor acrescenta outras funcionalidades: o MIDI *arpeggiator*, que cria arpejos a partir de acordes; o *transpose*, que serve para alterar o tom de uma linha melódica, por exemplo; e o *pitch shifting*, que funciona como um *glissando*.

Winer (2018) também cita a quantização, que pode ajudar a manter uma *performance* mais regular (*timing*), mas também pode torná-la robótica. Nesse sentido, a função *"humanize"* introduz pequenos atrasos ou antecipações nas notas MIDI, com a intenção de diminuir essa impressão robótica.

Ainda com relação às possibilidades de operações com MIDI, o autor menciona as seguintes vantagens: (i) gravar uma *performance* com a metade da velocidade ou até mais lentamente, algo que pode ser útil para passagens difíceis ou para instrumentistas pouco experientes; (ii) corrigir e alterar notas que tenham sido tocadas de forma errada durante uma *performance* – em MIDI, é fácil editá-las e ajustá-las de acordo com o objetivo da produção.

Figura 4.8 – *Piano roll* com informações MIDI

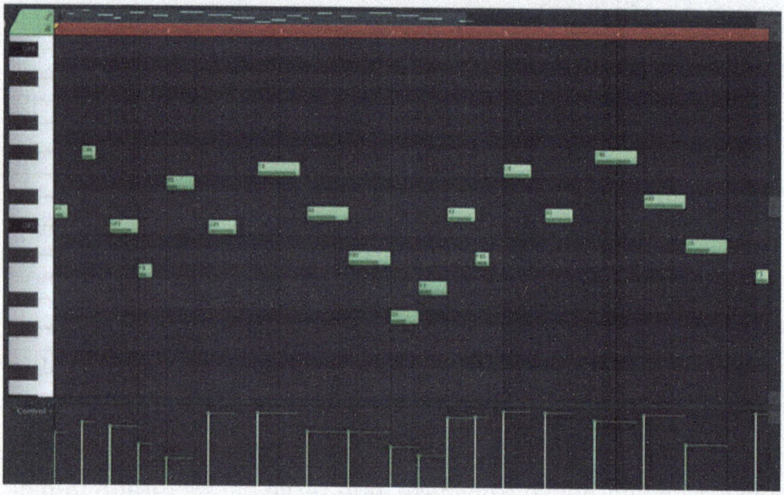

© 2023 Image Line Software

Na Figura 4.8, o *piano roll* contém as informações melódicas (altura e duração), e na seção abaixo estão as hastes que representam o *velocity*, que vai de 0 a 127 (no MIDI 1.0), do ponto mais baixo ao mais alto da seção retangular da interface.

Uma função que geralmente pode ser encontrada nas DAWs se refere à opção de recuperar uma informação MIDI que porventura não tenha sido gravada. Por exemplo: você está experimentando criar melodias no controlador e se esqueceu de apertar o botão para gravar; assim, ao acionar tal funcionalidade, será possível recuperar (em até certo tempo depois) essas melodias e utilizá-las (ou salvá-las) apropriadamente.

Segundo Winer (2018), alguns músicos que estão familiarizados com a notação tradicional (partitura) costumam preferi-la ao uso do *piano roll*. Há *softwares* que apresentam a funcionalidade de converter a informação MIDI para a partitura e vice-versa. Além disso, é possível efetuar a conversão de informações MIDI em arquivos de áudio, bem como fazer o caminho contrário, isto é, transformar áudio em MIDI. Neste último caso, especificamente, pode haver vários objetivos, como descobrir a tonalidade ou a linha melódica de um *sample* de áudio ou utilizar esse material para produção.

4.5 Outras funcionalidades

As funcionalidades que abordaremos a seguir fazem parte da DAW FL Studio. Porém, elas não são exclusivas desse *software*, estando presentes também na maioria das DAWs.

Não era nosso propósito fazer um estudo detalhado a fim de elencar todas as funcionalidades de todas as DAWs já lançadas. Desse modo, é possível que uma ou mais ferramentas não constem na DAW com a qual você costuma trabalhar.

4.5.1 Copiar e colar

Essa função básica, certamente encontrada em qualquer DAW, economiza muito tempo de produção e mixagem. É possível copiar e colar áudios, informações MIDI e automações em totalidade ou apenas em partes, em conjunto ou separado. Isso facilita a criação de seções similares de uma música (por exemplo, estrofes 1 e 2). Pode ser aplicada a *plugins* VST ou VSTi, individuais ou em grupo, a *presets*, enfim, a tudo (ou quase tudo) que faz parte de uma produção.

4.5.2 *Browser*

O *browser* é uma janela por meio da qual podemos acessar as pastas e os arquivos usados em projetos anteriores, por exemplo. É como se fosse um Windows Explorer ou Finder da própria DAW. Essa funcionalidade também contribui para tornar o trabalho mais fácil, contanto que o produtor mantenha as pastas organizadas e saiba configurá-las para serem acessadas pelo *browser*.

4.5.3 *Autosave*

O *autosave* é uma funcionalidade muito importante. Produtores musicais frequentemente se deparam com o travamento de projetos ou, ainda, com quedas de energia. Logo, o *autosave* permite salvar o projeto em intervalos de tempo determinados – o ideal é que seja configurado para salvar a cada cinco minutos. Além disso, essa opção também é muito útil nos casos em que alguma informação é perdida ou o produtor se arrepende de ter promovido alguma alteração que não pode ser revertida apenas pela opção *undo* (desfazer).

4.5.4 *Video visualizer*

Para trabalhar com trilhas ou efeitos sonoros para propagandas, filmes etc., é essencial ter o vídeo sincronizado com o áudio que se está produzindo. Para isso, muitas DAWs apresentam um *plugin* que possibilita importar o vídeo para o projeto com o áudio e, ainda, deixá-lo perfeitamente sincronizado com a trilha ou com os efeitos que serão implementados.

4.5.5 *Time markers*

Em um projeto, é possível adicionar *time markers* (Figura 4.9) – em português, "marcadores de tempo" – para identificar partes (como introdução, estrofe e refrão), mudar a fórmula de compasso (de 3/4 para 4/4, por exemplo), indicar o início e o final de um *loop*, ligar ou desligar o botão de gravação automaticamente, pular uma parte, pausar a música, entre diversas outras possibilidades.

Figura 4.9 – *Time markers*

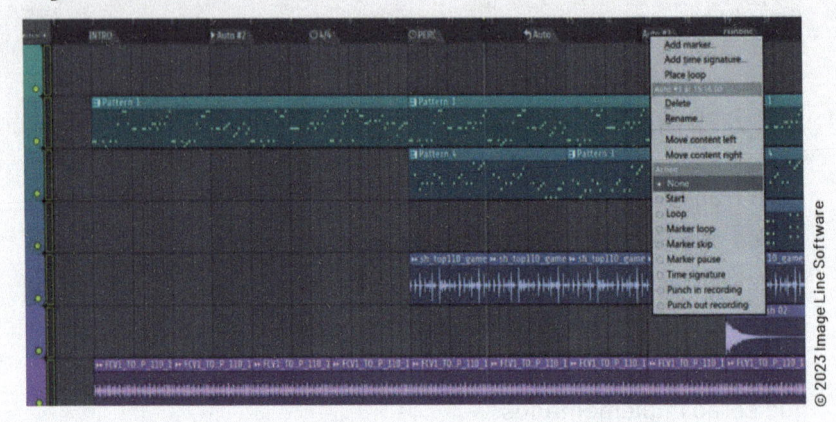

© 2023 Image Line Software

▶▶ Resumo da ópera

Neste capítulo, abordamos os conceitos e as funcionalidades das *digital audio workstations* (DAWs), considerando a evolução desses *softwares* ao longo do tempo, a qual acompanhou também o desenvolvimento dos computadores de uso pessoal.

Em seguida, listamos e caracterizamos algumas das principais DAWs disponíveis no mercado (Ableton Live, FL Studio, Apple Logic Pro, Cockos Reaper e AVID Pro Tools) e apresentamos algumas observações acerca dos prós e contras de cada uma. Todas são idênticas em suas funções básicas, então não há como afirmar que uma é melhor do que outra. Deixando-se de lado as preferências pessoais, é consenso entre os produtores que a melhor DAW é aquela com a qual o usuário sabe interagir e que atende às suas necessidades.

Na sequência, explicamos em que consistem algumas das principais operações com áudio em uma DAW: *slip-editing*, *cross-fading* e *looping*; normalização; inverter (*backward*); processamento; e exportar. Essas mesmas operações podem ser aplicadas ao MIDI, que ainda apresenta outras possibilidades: alterar facilmente os parâmetros altura, duração e intensidade (*velocity*); quantizar e humanizar uma *performance*; gravar em uma velocidade menor do que a música original etc.

Por fim, destacamos outras funcionalidades das DAWs, a saber: copiar e colar; *browser*; *autosave*; *video visualizer*; e *time markers*.

Atividades de autoavaliação

1. Assinale com V ou F as afirmações a seguir:
   ( ) O Pro Tools, por ser a DAW "padrão da indústria", é a única na qual músicas de sucesso são produzidas.
   ( ) DAW é a sigla para *digital audio workstation*, que significa "estação de trabalho de áudio digital".
   ( ) Uma DAW pode ser o *software*, os equipamentos ou, ainda, o conjunto de ambos.
   ( ) A DAW é um *software* que concentra muitas funcionalidades e aplicações, como gravação e edição multipista, MIDI, *plugins* de efeitos para processamento e instrumentos virtuais.
   ( ) O fluxo de sinal em uma DAW é basicamente o mesmo de um *mixer* de grande porte, com total automatização.

   Agora, marque a alternativa que apresenta a sequência obtida:

   a) F, V, V, V, F.
   b) F, F, V, V, V.
   c) V, V, V, V, V.
   d) V, F, F, V, F.
   e) F, V, V, V, V.

2. Assinale com V ou F as afirmações a seguir:
   ( ) Transformar ideias em música do modo mais rápido e menos difícil possível é o aspecto mais importante de uma DAW.
   ( ) Entre as principais DAWs do mercado, podemos citar: Pro Tools, FL Studio, Ableton Live, Logic Pro e Reaper.
   ( ) O Reaper é uma excelente DAW, mas demanda muito espaço de armazenamento.
   ( ) Ableton Live é a DAW "padrão da indústria".
   ( ) O FL Studio apresenta *patterns* que podem conter informações MIDI de vários instrumentos simultaneamente.

   Agora, marque a alternativa que apresenta a sequência obtida:

   a) V, V, V, F, V.
   b) V, V, F, F, F.
   c) F, V, F, V, F.
   d) V, V, F, F, V.
   e) V, F, F, V, F.

3. Assinale com V ou F as afirmações a seguir:
   ( ) A empresa Steinberg foi a responsável pela inovação de *time stretching* e *pitch shifting* nas DAWs.
   ( ) A primeira empresa a se especializar em *plugins* foi a Waves, com o lançamento do equalizador gráfico Q10.
   ( ) VST é a sigla para *virtual studio technology*, ou tecnologia de estúdio virtual.
   ( ) VSTi é a expansão do VST e permite aos *plugins* que geram vozes serem controlados diretamente por MIDI.
   ( ) O Pro Tools é uma DAW mais acessível para iniciantes do que o GarageBand.

Agora, marque a alternativa que apresenta a sequência obtida:

a) V, V, V, V, V.
b) V, V, V, F, V.
c) V, V, F, F, V.
d) V, V, V, V, F.
e) V, F, V, V, F.

4. Assinale com V ou F as afirmações a seguir:
   ( ) Durante a etapa de produção, um clipe de áudio deve ter a mesma duração da produção inteira, independentemente do fato de conter partes de silêncio (sem sinal).
   ( ) O *slip-editing* se refere à funcionalidade de fazer cortes no clipe de áudio sem alterar o arquivo original.
   ( ) O *cross-fading* consiste em uma automação de transição harmônica.
   ( ) A normalização é um processo por meio do qual é possível aumentar o volume de uma faixa inteira até o nível em que a parte mais alta (pico) dessa faixa fique abaixo do nível permitido.
   ( ) O processo de inverter o áudio pode gerar efeitos interessantes de *crescendo* em pratos e vocais, por exemplo.

Agora, marque a alternativa que apresenta a sequência obtida:

a) F, V, F, V, V.
b) F, V, F, F, V.
c) F, V, F, F, F.
d) F, V, V, F, F.
e) V, F, V, F, V.

5. Assinale com V ou F as afirmações a seguir:
   ( ) Operações com MIDI em uma DAW são muito limitadas em relação às operações com áudio.
   ( ) Todos os parâmetros do MIDI são manipuláveis, o que permite corrigir erros de *performance*, por exemplo.
   ( ) Uma gravação em MIDI pode ser feita em uma velocidade menor do que a original.
   ( ) A função *"humanize"* torna a *performance* mais robótica.
   ( ) A função de quantização ajusta ritmicamente uma *performance*, mas pode torná-la robótica.

   Agora, marque a alternativa que apresenta a sequência obtida:

   a) F, V, V, F, F.
   b) F, V, V, F, V.
   c) F, F, F, V, F.
   d) F, V, F, V, F.
   e) V, V, F, V, F.

6. Assinale com V ou F as afirmações a seguir:
   ( ) Em uma DAW, a função de copiar e colar só pode ser aplicada em informações MIDI.
   ( ) Os projetos em uma DAW nunca travam, razão pela qual a função *autosave* é desnecessária.
   ( ) O *browser* permite acessar rapidamente arquivos do computador, desde que estejam organizados.
   ( ) O *video visualizer* possibilita ao produtor assistir à TV por assinatura enquanto trabalha.
   ( ) Os *time markers* servem para marcar o tempo gasto nas produções.

Agora, marque a alternativa que apresenta a sequência obtida:

a) F, F, V, F, F.
b) F, V, V, F, F.
c) F, F, F, V, F.
d) V, V, F, V, F.
e) V, V, F, F, F.

Atividades de aprendizagem

Questões para reflexão

> Consideremos o caminho que a humanidade percorreu desde a invenção do fonógrafo. O que Thomas Edison diria ao ver todos os avanços até este momento? O que os produtores musicais da época fariam com a quantidade de recursos que temos hoje? É possível criar músicas com o uso de um dispositivo que, certamente, está próximo de você neste momento. Não é necessário contar com outras ferramentas e, em certas situações, nem com músicos, contanto que o som seja adequadamente programado. Mas, além de criar, consideremos também a possibilidade de compartilhar nossas criações com o mundo de modo quase instantâneo, dependendo apenas de uma conexão com a internet.

1. A facilidade e a praticidade do acesso às ferramentas de produção musical possibilitaram um crescimento exponencial de produtores/artistas que produzem e compartilham seus próprios trabalhos. Em sua opinião, o mercado ficou saturado de produtores ou ainda há bastante espaço para novos profissionais?

2. Ainda de acordo com o seu ponto de vista, as produções atuais que estão fazendo sucesso estão melhores que as antigas, mantiveram o mesmo nível ou estão perdendo qualidade musical?

Atividade aplicada: prática

1. Faça o *download* do FL Studio ou do Reaper (ambos têm versão de avaliação) e instale o *software* em seu computador. Em seguida, realize ao menos três das operações abordadas neste capítulo com áudio e com MIDI (três de cada), com o objetivo de criar algum material musical de pelo menos 20 segundos e que faça sentido para você. Grave a tela de seu computador utilizando um gravador de tela (como o OBS) ou um celular. Sempre confira o resultado sonoro em cada operação, registrando o processo. Ao final, exporte o áudio de sua produção em MP3. Crie um grupo no WhatsApp (você pode ser o único participante) e, nele, envie sua produção, a fim de conferir o resultado. Depois de analisá-lo, faça observações a respeito das diferenças de sonoridade que podem ser percebidas ao ouvir o material produzido em uma DAW e, depois, no celular.

Capítulo 5
FERRAMENTAS PARA EQUALIZAÇÃO E AMBIÊNCIA

Neste capítulo, abordaremos de maneira mais detalhada as ferramentas e as técnicas para equalização e ambiência, de modo que você possa utilizá-las em suas produções. Em primeiro lugar, vamos aprofundar a questão da tridimensionalidade do som. Na sequência, trataremos de reverberação e eco, equalização, volumes e paneamento e, por fim, automatizações.

5.1 Tridimensionalidade do som

De acordo com Siqueira (2020), por motivos didáticos, para a definição de som, geralmente são utilizadas figuras bidimensionais. Mas, na realidade, o som se propaga tridimensionalmente. Portanto, em vez de círculos ou segmentos de círculo, o som é representado por esferas que se espalham em todas as direções.

Como explicamos anteriormente, os processadores de tempo, basicamente, simulam algumas situações análogas aos fenômenos de propagação do som, como eco e reverberação. Em uma sala, o som gera reflexões, as quais chegam aos ouvidos em tempos diferentes; também ocorrem diferenças de intensidade e de frequência que criam a percepção de tridimensionalidade.

O mesmo acontece com os monitores de áudio que são posicionados formando um triângulo equilátero com a posição do ouvinte. O som que sai da caixa direita chegará primeiro ao ouvido direito e depois ao esquerdo.

A Figura 5.1, a seguir, apresenta uma simulação do comportamento do som que sai de uma fonte sonora em uma sala, chega até o primeiro ouvinte, reflete e contorna obstáculos até alcançar o segundo ouvinte.

Figura 5.1 – Comportamento do som em um ambiente fechado

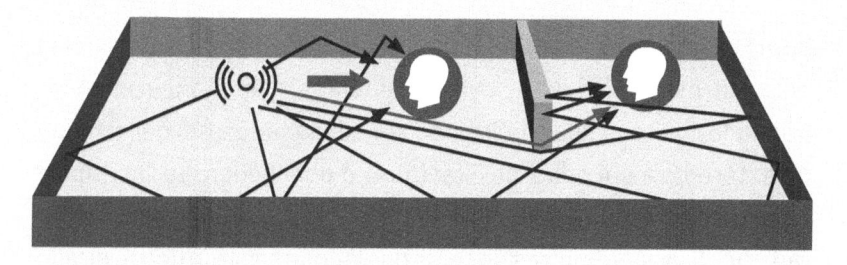

Fonte: Microsoft, 2023.

5.2 Reverberação e eco

No Capítulo 2, mencionamos que, atualmente, há *plugins* que simulam efeitos de eco e reverberação a partir de salas de diversos tamanhos, bem como *reverbs* mecânicos, como os *plate* e os *spring*, cada qual com configurações específicas. Explicamos, ainda, que o *reverb* segue o mesmo princípio do eco, mas não é possível distinguir suas repetições, pois são muitas soando ao mesmo tempo.

Também já comentamos que os parâmetros elementares para criar eco são *delay* (atraso em relação ao som original), *feedback* (quantidade de repetições) e *decay* (decaída de volume e frequência ao longo do tempo). Uma importante observação feita por Winer (2018) é que o *decay time* também é conhecido como RT60, sigla para *reverb time* 60, que se refere ao tempo que o *reverb* leva para que sua intensidade de sinal decaia em 60 dB.

5.2.1 Eco (*delay*)

Como exemplo desse efeito, Winer (2018) cita o *plugin* Sonitus Delay, mas outros *plugins* de *delay*/eco funcionam de maneira similar. Segundo o autor, esse *plugin* pode ser adicionado a um canal mono ou estéreo e a um canal auxiliar (*bus*), o qual poderá ter múltiplos canais a ele direcionados. Há, ainda, a possibilidade de ajustar separadamente os parâmetros de saída dos lados esquerdo (*left*) e direito (*right*).

Os parâmetros presentes tanto em *left* como em *right* são, de cima para baixo, os elencados a seguir:

- *Delay time*: tempo de atraso.
- *Feedback*: quantidade de repetições.
- *Crossfeed*: parte do *feedback* transferida como *input* para o lado oposto.
- *Mix*: quantidade de volume das repetições que será adicionada ao sinal original.
- *Diffusion*: difusão do som depois de ser refletido por uma superfície. O número que pode ser indicado em *amount* se refere à quantidade de direções para as quais o som se dirigirá depois de ser refletido. Quanto maior for a quantidade dessas direções, maior será a difusão e mais denso será o efeito.

O *delay time* pode ser configurado em milissegundos (ms) ou em relação ao andamento – *beats per minute* (BPM) – da música. O campo *factor* caracteriza a figura rítmica de cada repetição a partir do som original. É possível calcular a duração em milissegundos de uma semínima por meio da seguinte fórmula:

> Duração = 60/BPM

Winer (2018) ressalta que, quando o *feedback* e o *crossfeed* estão em um valor alto, gera-se o efeito *runaway*, que se refere ao fato de as repetições subsequentes se tornarem cada vez mais altas.

O Sonitus Delay também conta com um filtro de frequências graves (*low*) e altas (*high*), com o objetivo de evitar que as repetições se tornem *muddy* (com lama) ou muito agudas. Tais parâmetros podem criar o "eco telefônico", que apresenta apenas frequências médias.

5.2.2 Reverb

O *reverb* consiste na versão densa do eco, na qual não se consegue distinguir as repetições, já que elas soam simultaneamente.

Conforme mencionamos no Capítulo 2, são dois os tipos de *plugins* de *reverb*: os de algoritmo calculam o *delay*, o volume e a frequência de cada repetição; os de convolução adicionam ao sinal um impulso (comportamento) que foi gravado em uma sala real.

Os *reverbs* de algoritmo fazem centenas ou até milhares de cálculos, mas os de convolução são os que requerem maior quantidade de processamento (CPU). Winer (2018) acrescenta que a convolução é um processo que não se limita ao *reverb*, pois pode ser aplicado sempre que a intenção for adicionar características de um som em outro.

Além de parâmetros idênticos aos do eco, o *reverb* apresenta parâmetros específicos, conforme mostra a Figura 5.2.

Figura 5.2 – *Plugin de reverb*

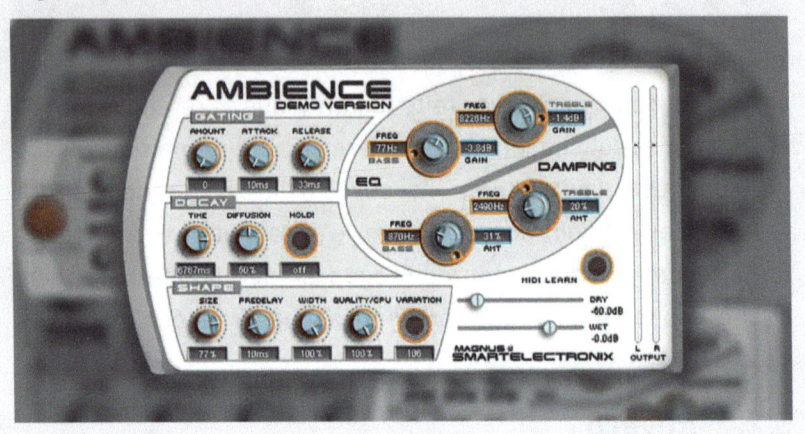

Fonte: Pluginboutique, 2023.

Lendo os parâmetros de cima para baixo, temos:

- Volume de *input*: entrada do sinal, medido em decibels.
- Cortes: de graves (*low cut*) e agudos (*high cut*), idênticos no eco.
- *Pre-delay*: tempo entre o sinal original e a primeira reflexão.
- *Room size*: tamanho da sala, que deve ser coerente com o *decay time* para soar mais natural.
- *Diffusion*: regula a densidade das repetições individuais. Os *reverbs* antigos eram mais separados, então, para simulá-los, é necessário configurar para menos de 100%. Winer (2018) menciona que raramente se usa esse parâmetro menor que 100%.
- *Bass multiplier*: responsável por moderar o *decay* das frequências abaixo do ponto do *crossover*.
- *Crossover*: separa o sinal em duas bandas a partir da frequência definida.
- *Decay time*: é o RT60.

- *High dumping*: faz com que as frequências acima da frequência definida tenham seu *decay* encurtado (mais rápido que o RT60).
- *Dry*: controla o volume do sinal original, antes do *reverb*.
- *E.R* (*early reflections*): manipula a intensidade das primeiras reflexões.
- *Reverb*: regula o volume do sinal processado pelo *plugin*.
- *Width*: controla a abertura de estéreo do sinal, em que 0% é igual a mono, 100% é o estéreo normal e 200% é um estéreo "exagerado".

Winer (2018) afirma que tanto o eco como o *reverb* são efeitos que adicionam conteúdo ao sinal e que, geralmente, são inseridos em canais auxiliares, com 100% *wet* (sinal processado) e 0% *dry* (sinal sem processamento). A mixagem de ambos os sinais é feita individualmente nos respectivos canais do sinal original e do *reverb*/eco.

Além dos *presets*, que normalmente acompanham os *plugins* de eco (*delay*) e de *reverb*, é importante utilizar uma calculadora para fornecer valores que permitam obter diferentes configurações. Basta digitar "reverb calculator" no Google e aparecerão muitas opções.

Só as melhores

ANOTHER PRODUCER. Disponível em: <https://anotherproducer.com>. Acesso em: 11 abr. 2023.

A Tabela 5.1 mostra uma captura de tela da calculadora disponível no *website* indicado, por meio da qual é possível calcular tempos de *delay* e *reverb* (no caso, o BPM escolhido foi 120). Certamente, trata-se de um recurso interessante e que pode ser utilizado gratuitamente.

Tabela 5.1 – Calculadora de *reverb* e *delay*

Escolha seu BPM			
120			
Tamanho do *reverb*	Pre-delay	Tempo de decaimento	Tempo total do reverb
Hall [Salão] (2 compassos)	62,5 ms	3937,5 ms	4000 ms
Large Room [Sala grande] (1 compasso)	31,25 ms	1968,75 ms	2000 ms
Small Room [Sala pequena] (Mínima)	15,63 ms	984,38 ms	1000 ms
Tight Ambience [Ambiência curta] (Semínima)	3,91 ms	496,09 ms	500 ms

Duração do *delay* por diferentes valores de nota em relação ao seu BPM			
Valor da nota	Notas	Pontuada	Quiáltera (tercina)
1/1 (1 compasso)	2000 ms / 0,5 Hz	3000 ms / 0,33 Hz	1333,33 ms / 0,75 Hz
1/2 (2 tempos)	1000 ms / 1 Hz	1500 ms / 0,67 Hz	666,67 ms / 1,5 Hz
1/4 (1 tempo)	500 ms / 2 Hz	750 ms / 1,33 Hz	333,33 ms / 3 Hz
1/8	250 ms / 4 Hz	375 ms / 2,67 Hz	166,67 ms / 6 Hz
1/16	125 ms / 8 Hz	187,5 ms / 5,33 Hz	83,33 ms / 12 Hz
1/32	62,5 ms / 16 Hz	93,75 ms / 10,67 Hz	41,67 ms / 24 Hz
1/64	31,25 ms / 32 Hz	46,88 ms / 21,33 Hz	20,83 ms / 48 Hz
1/128	15,63 ms / 64 Hz	23,44 ms / 42,67 Hz	10,42 ms / 96 Hz
1/256	7,81 ms / 128 Hz	11,72 ms / 85,33 Hz	5,21 ms / 192 Hz

Fonte: Another Producer, 2023, tradução nossa.

Na parte superior da tabela constam os valores de *pre-delay* e *decay time* (RT60) para uma música com andamento de 120 BPM; o parâmetro *hall* corresponde ao tamanho de uma sala de concerto; por sua vez, *large room* e *small room* representam, respectivamente, uma sala grande e uma pequena; *tight ambience* se refere a uma ambiência curta.

Já na parte inferior estão indicados os valores de configuração de eco (*delay*) para as divisões rítmicas, desde a semibreve até a quartifusa.

É importante notar que o *reverb* tem uma configuração harmônica diferente do sinal original. Por isso, ele precisa ser tratado como se fosse um novo instrumento na música, que deve ser nivelado (regulagem de volume) e equalizado.

5.3 Equalização

Anteriormente, explicamos que os equalizadores (EQs) manipulam o espectro sonoro, aumentando ou diminuindo frequências específicas ou bandas (conjuntos) de frequências.

Também vimos que todos têm a mesma função, embora existam variações que consideram maior ou menor precisão, mais ou menos bandas, mais ou menos possibilidades de curvas de atenuação ou acentuação (*boost*), entre outros recursos.

As curvas de equalização básicas são *pass* (permite passagem), *shelf* (prateleira), *bell* (sino) e *notch* (nó). Exemplos de cada uma delas podem ser vistos nas figuras a seguir.

Figura 5.3 - Curva *high-pass* (passa-altas) - também chamada de *low-cut*

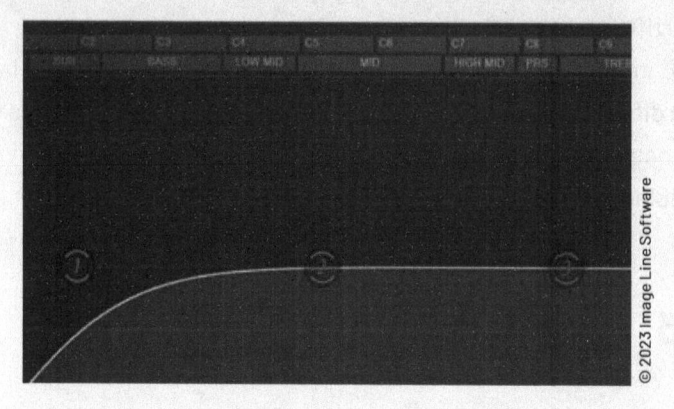

Figura 5.4 - Curva *low-pass* (passa-baixas) - também chamada de *high-cut*

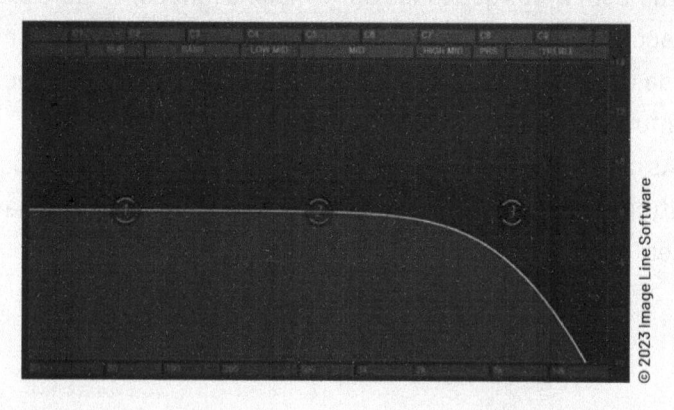

Figura 5.5 – *Low shelf* (prateleira grave)

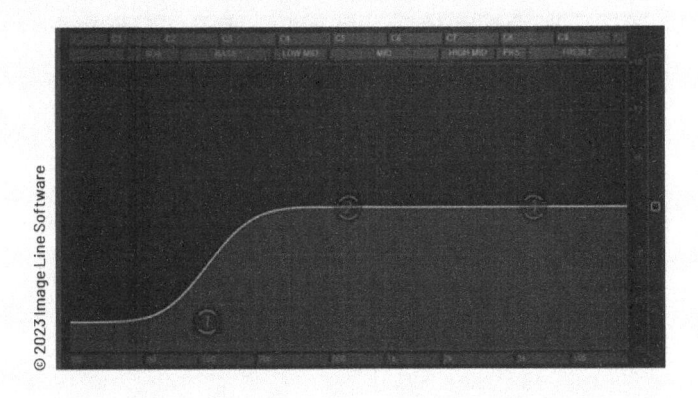

Figura 5.6 – *High shelf* (prateleira aguda)

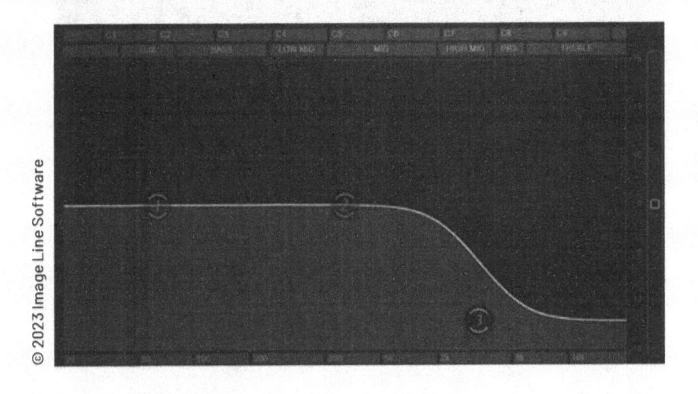

Figura 5.7 – *Bell* (sino)

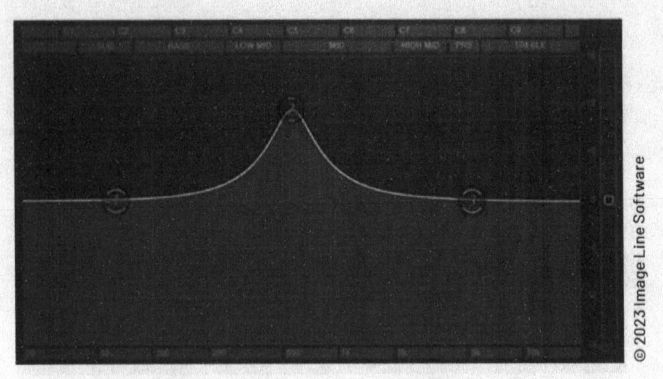

Figura 5.8 – *Notch* (nó)

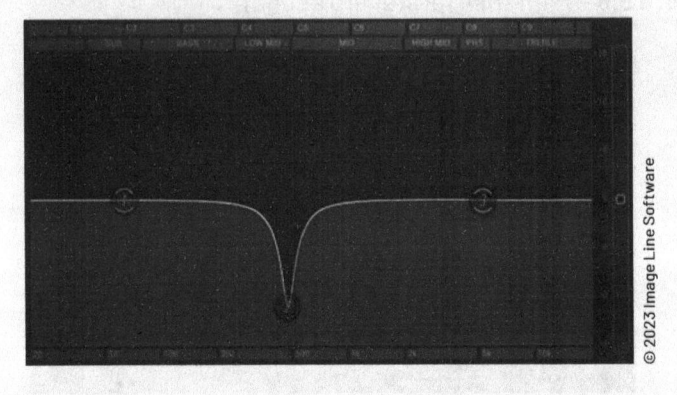

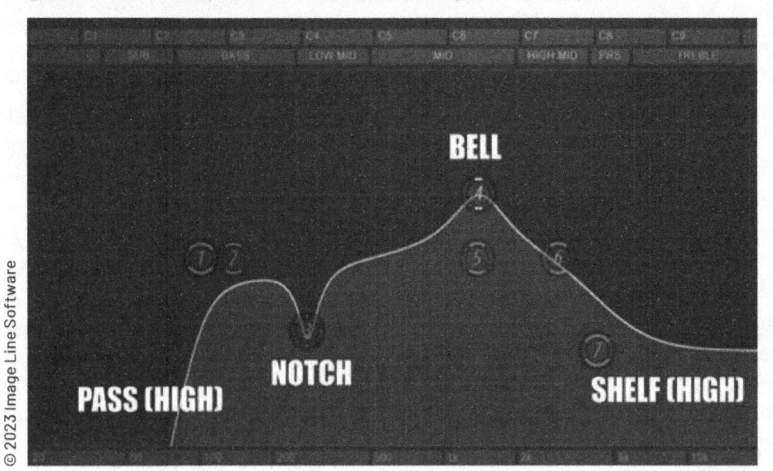

Figura 5.9 – Múltiplas curvas em um equalizador paramétrico

© 2023 Image Line Software

Na Figura 5.9, há uma curva *high-pass* entre 50 Hz e 100 Hz, um *notch* próximo aos 220 Hz, um *bell* em 1.500 kHz e um *high shelf* atenuando as frequências a partir dos 5 kHz.

Existem, também, os equalizadores que "aprendem" a equalização de uma fonte sonora e a aplicam a outra, para que esta tenha a mesma resposta de frequência. Essa função é comumente chamada de *EQ match*.

5.3.1 Técnicas de equalização

Como vimos, a equalização consiste na técnica de utilizar um equalizador para manipular as frequências de um som a fim de alcançar objetivos variados. Esses objetivos podem incluir remover frequências ou bandas de frequências indesejadas, realçar (amplificar) frequências importantes ou interessantes, entre outras possibilidades.

É importante mencionar a necessidade de se fazer o *gain match* (ganho equiparado) antes e depois da equalização. Por exemplo, se dermos um *boost* (aumento) em alguma frequência, o ganho será aumentado em todo o sinal, por isso será preciso diminuir o sinal de saída. Em geral, os *plugins* apresentam um controle de volume interno e até uma função automática que faz esse ajuste.

Winer (2018) afirma que não é interessante dar um *boost* exagerado nas frequências graves ou agudas, pois muitos dispositivos não reproduzem essa faixa de frequência e, por conseguinte, apenas distorcerão o som quando este for tocado em alto volume. O autor também observa que é melhor identificar o que está prejudicando o som do que ficar procurando frequências que, quando aumentadas, soam bem. Assim como ocorre em um vocal ou instrumento, o corte de frequências muito graves traz à tona frequências médias que definem o caráter desses timbres. Ademais, ressonâncias (harmônicos) indesejadas também têm de ser identificadas e atenuadas.

Uma técnica padrão, de acordo com Winer (2018), é cortar os graves de todos os instrumentos que não se beneficiam dessas frequências, o que ajuda a evitar a lama (*mud*), bem como conflitos com o *kick* (bumbo) e o *bass* (baixo). Além dessa técnica, é possível adicionar um agudo geral ao sinal de alguns instrumentos, como a guitarra ou a caixa da bateria. Normalmente, isso é feito com um *boost* do tipo *bell* na região dos 4 k. Embora essa técnica também possa ser empregada com *high shelf filter*, ela pode evidenciar ruídos indesejáveis.

Aumentar as frequências agudas traz o timbre (do instrumento, do grupo ou da música toda) "para a frente" – torna-se mais evidente –, ao passo que reduzi-las faz com que a música "fique mais para trás" – mais escondida. Segundo Winer (2018), esse "mecanismo" é idêntico à absorção do ar, que reduz mais as frequências agudas do que as graves. Sob essa perspectiva, o autor cita o exemplo de um show de *rock* ao ar livre: quando se escuta a banda estando distante da fonte sonora, ouvem-se basicamente as frequências graves. Logo, combinar o *reverb* com a equalização faz com que seja possível "mover" os instrumentos para perto ou para longe.

Nessa lógica, o que é mais importante deve estar mais perto, como o vocal principal, e o que for menos importante, como os *backing vocals*, deve estar mais longe.

A seguir, apresentamos algumas dicas de Winer (2018) sobre como equalizar:

- Sua memória é mais curta do que você pensa; portanto, retorne à configuração *flat* (sem alterações) e lembre-se de onde você começou.
- Faça comparações lado a lado para ter uma referência de músicas cujo estilo seja parecido com o da sua e que tenham o padrão da indústria.
- Você pode alterar um som, mas sem que ele perca sua identidade no contexto.
- Não há como fazer com que todo instrumento de uma música seja cheio, profundo, claro, brilhante etc., ou seja, deixe espaço para o contraste.
- De vez em quando, faça uma pausa. A audição crítica tende a cansar os ouvidos, especialmente quando ouvimos algo por longos períodos. Depois de passar um dia inteiro gravando, produzindo, mixando etc., será bem possível que, no dia seguinte, a qualidade geral pareça bem diferente.
- Por fim, não tenha medo de experimentar ou de tentar configurações extremas, quando julgar necessário.

> Concordo com todas essas observações e acrescento que, para mixar adequadamente, é preciso fazer pausas de mais de um dia, na maioria dos casos – se possível, de dois a três dias de intervalo, sem esforço auditivo.
>
> É possível, por exemplo, produzir e mixar logo em seguida, no mesmo dia? Sim. Porém, o tempo gasto para mixar possivelmente será maior, e o resultado será inferior, se comparado com o que seria possível obter em uma mixagem feita com os ouvidos descansados, podendo-se tomar decisões mais assertivas e rápidas.
>
> Nesse sentido, recomendo que cada processamento ou ajuste não leve mais do que cinco minutos, a menos que a intenção seja explorar outros resultados artisticamente.

5.4 Volumes e paneamento

Conforme Winer (2018), no início da era das gravações, a "mixagem" era feita com os *performers* ao redor do microfone – alguns mais longe e outros mais perto, para equilibrar os volumes. Caso houvesse um solo de saxofone, por exemplo, o instrumentista se aproximava do microfone nesse momento e em seguida se afastava.

Considerando o exposto, concluímos que é possível criar a noção de distância de acordo com o volume. Quanto mais perto do microfone, mais alto é o volume, e vice-versa. No entanto, após a chegada da tecnologia de gravação em múltiplos microfones e depois multipista, isso não foi mais necessário, pois se tornou possível tratar o volume de cada instrumento individualmente em cada canal.

Desse modo, é fundamental entender a distinção entre som estéreo e som mono. O som mono ocorre quando o mesmo sinal é direcionado para os lados esquerdo e direito, o que dá a impressão de o som estar no meio. Já o som estéreo ocorre quando há diferenças nas informações rítmicas e harmônicas (frequências) entre os lados esquerdo e direito.

Outra importante observação sobre o paneamento é a seguinte: quando um som é direcionado para um lado, sua intensidade diminui em comparação com quando está no meio (soma dos lados esquerdo e direito iguais – mono). Existem recursos nas DAWs que compensam essa diferença, mediante a aplicação da chamada *lei do pan* (*pan law*).

Segundo Winer (2018), a mixagem é um processo artístico, porém há razões técnicas para que certas ações sejam feitas de determinada forma. Com relação ao pan, o autor cita como exemplo o fato de os instrumentos graves serem quase sempre centralizados. Na música *pop*, a energia do grave é igualmente distribuída, o que minimiza as distorções e possibilita que os ouvintes a escutem em volumes altos. Isso também é importante para as gravações em vinil, pois evita que a agulha pule para fora.

O *kick* (bumbo) e o *bass* (baixo) ficam no centro, para que a base da música seja mais sólida. O vocal também é centralizado, já que está no centro das atenções (Winer, 2018). Considerando-se esses padrões, aplicar o paneamento nos demais instrumentos, quando bem programado, melhora a clareza e a separação de timbres com frequências similares que competem entre si, o que contribui para evitar o mascaramento (dificuldade de ouvir um som enquanto outro de frequências similares está tocando).

O pan também permite criar uma percepção de amplitude, fazendo a música soar "grande". Winer (2018) cita o exemplo das guitarras no *heavy metal*. É comum que o guitarrista grave a mesma trilha duas vezes, e cada gravação é direcionada 100% para cada lado do pan. As pequenas diferenças entre as duas *performances* tornam o som mais amplo de uma maneira natural.

A iZotope é uma das maiores fabricantes de *plugins* de áudio, com foco em *plugins* para mixagem. Um deles é o Neutron, que tem a funcionalidade Visual Mixer. Na Figura 5.10, podemos ver que esse *plugin* se constitui em um gráfico cartesiano pan/volume, em que o eixo x representa o pan, e o eixo y, o volume. Cada elemento pode ser posicionado na *mix* considerando-se esses dois parâmetros.

Figura 5.10 – iZotope Visual Mixer

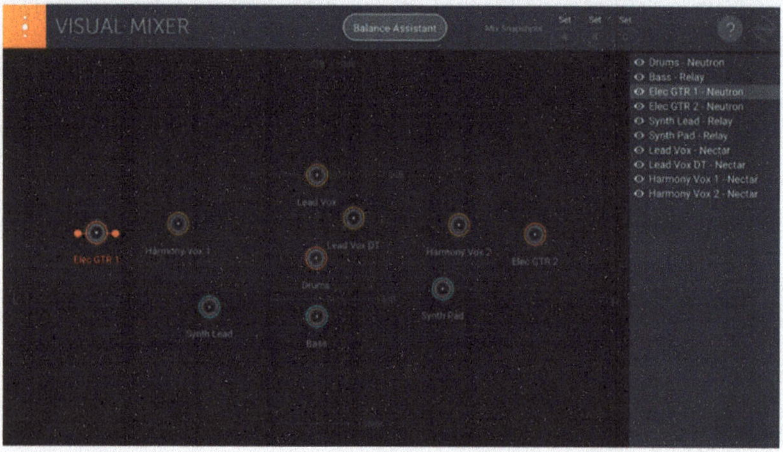

Fonte: iZotope, 2022.

Repare na imagem que o vocal principal (*lead vox*) é o elemento mais alto da *mix*; *drums* (bateria) e *bass* (baixo) estão bem centralizados, enquanto as guitarras estão bem abertas no pan, corroborando as afirmações de Winer (2018).

Também podemos perceber dois *synths* com volume um pouco acima do *bass*, cada um em um lado do pan. Há, ainda, os *backing vocals* (*harmony vox*) abertos no pan e com volume inferior ao vocal principal. Tais configurações podem permanecer estáticas ao longo da música ou ser manipuladas, a fim de criar um movimento por meio de automatizações.

5.5 Automações

Da mesma forma que, antigamente, o saxofonista se aproximava do microfone para gravar e depois se afastava, com o intuito de aumentar o volume de sua *performance* na hora do solo e depois diminuir, as automações também podem criar essa movimentação nos sinais de áudio, mas de modo mais preciso e controlável.

Essa inovação foi criada na década de 1970 por fabricantes de mesas de som e, atualmente, constitui-se em uma funcionalidade facilmente programável na maioria das DAWs. A automação, portanto, permite que o produtor programe modulações (mudanças ao longo do tempo) precisa e despreocupadamente.

Em geral, ela é representada nas DAWs por uma linha que acompanha o clipe de áudio ou MIDI – exceto no FL Studio, que gera um clipe específico da automação (Figura 5.11).

Figura 5.11 – Automação no Fl Studio

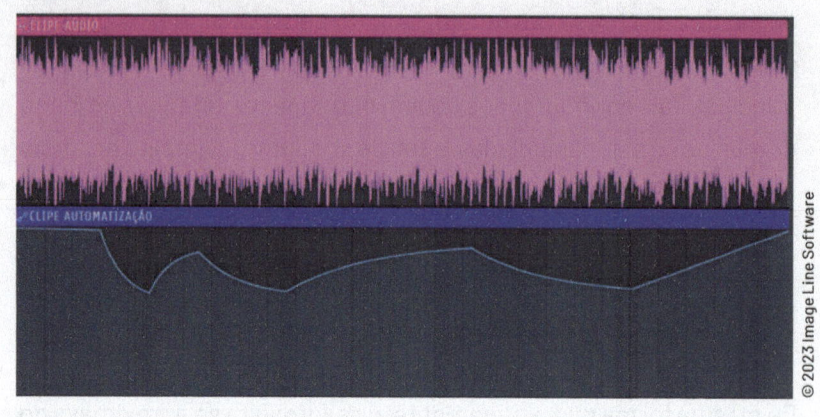

© 2023 Image Line Software

Além do volume, é possível automatizar basicamente qualquer elemento, como pan, ganho e *dry/wet*, de qualquer *sample*, *plugin*, canal etc. Ou seja, essa ferramenta se aplica a todos os parâmetros que precisem ser alterados em relação à sua configuração inicial.[1]

O autor acrescenta que é possível alterar frequências nos equalizadores, cortando ou dando *boost* (acentuando). Isso é útil para diferentes seções da música que têm determinados timbres soando ao mesmo tempo em cada parte. Além disso, pode-se criar o efeito de som de rádio antigo em algum trecho da canção, por exemplo (Winer, 2018).

Tudo o que tiver um botão ou *fader* controlável é passível de ser automatizado. A automação pode auxiliar no equilíbrio da música, mas também é usada artisticamente para, como mencionamos, criar movimento. Um exemplo é a automação de pan em um instrumento

---

[1] Como apresentado por Winer (2018), graças à automação, é possível ligar e desligar o *reverb* em qualquer lugar da música. No entanto, fazer isso não é exatamente indicado, porque muitos *plugins*, ao serem ligados e desligados, geram algum ruído ou estalo. Desse modo, a automação *dry/wet* (seco/molhado) costuma ser a mais utilizada e, até mesmo, recomendada.

percussivo como um chocalho, que pode ser configurado para, periodicamente, transitar da esquerda para direita, e vice-versa – existem *plugins* que facilitam essa automação, fazendo o chamado *autopan*.

Messite (2021) sugere automatizar o pan em diferentes seções da música, deixando a estrofe mais estreita (mais mono) e o refrão mais aberto (mais estéreo), por exemplo, conforme mostram, respectivamente, as Figuras 5.12 e 5.13.

Figura 5.12 – Pan na estrofe

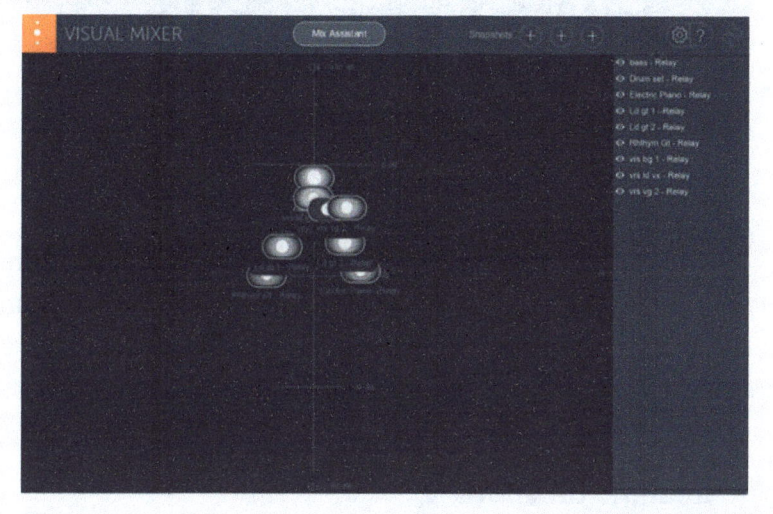

Fonte: iZotope, 2022.

Figura 5.13 – Pan no refrão

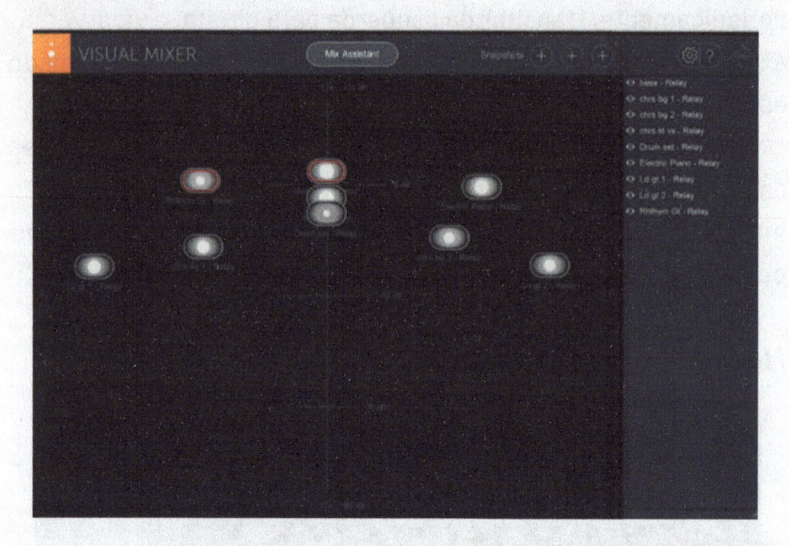

Fonte: iZotope, 2022.

Por fim, é possível automatizar os momentos de início e de fim de uma tomada de gravação, o que é bastante útil para sessões em que é necessário regravar partes específicas, uma vez que poupa trabalho e espaço de armazenamento.

▶▶ Resumo da ópera

Neste capítulo, a primeira temática que abordamos foi a tridimensionalidade do som, que se propaga em todas as direções. Vimos que os fenômenos de propagação, como a reverberação, reforçam essa percepção.

Em seguida, apresentamos as características, os parâmetros e as aplicações do eco e do *reverb*. Explicamos que a melhor forma de usá-los é em um canal auxiliar e, além disso, demonstramos como calcular os parâmetros desses efeitos a fim de obter resultados específicos.

Posteriormente, abordamos a equalização, destacando os tipos de equalizador e as técnicas de equalização. Vimos que diminuir os agudos de um instrumento faz com que ele fique mais escondido ("para trás") na *mix*. Também mencionamos que não se deve exagerar nos graves nem nos agudos, pois, do contrário, eles podem gerar distorções em determinados sistemas de som.

Na sequência, tratamos do volume e do paneamento. Explicamos que as informações graves (*kick* e *bass*) geralmente ficam no centro do espectro sonoro, para criar a fundação da música, e o vocal, por ser o centro das atenções, também deve estar no meio.

Por fim, descrevemos em que consistem as automações, as quais podem tanto auxiliar na mixagem como agregar ao processo de produção musical, criar movimento e facilitar a gravação.

Teste de som

1. Assinale com V ou F as afirmações a seguir:
   ( ) Em um *plugin* de *delay*, o parâmetro *diffusion* (difusão) corresponde à quantidade de direções do som depois de ser refletido por uma superfície.
   ( ) *Feedback* é a quantidade de repetições em um *plugin* de *delay* ou *reverb*.
   ( ) *Reverbs* de algoritmo adicionam um impulso que foi gravado em uma sala real.
   ( ) *Reverb* e *delay* geralmente são colocados em canais auxiliares com 100% de *wet* (sinal processado).

( ) *Hall, large room* e *small room* são tipos de equalização.

Agora, marque a alternativa que apresenta a sequência obtida:

a) V, V, V, V, V.
b) V, V, F, V, V.
c) V, V, F, V, F.
d) F, V, F, V, F.
e) F, F, V, V, F.

2. Assinale com V ou F as afirmações a seguir:
   ( ) As curvas básicas de equalização são *pass, shelf, bell* e *notch*.
   ( ) *High-pass* (também chamado de *low-cut*) significa que o filtro de equalização deixará passar as frequências altas.
   ( ) *High-cut* é um nome alternativo para a curva *low-pass* (passa-baixas).
   ( ) *Low shelf* é uma curva estilo "prateleira" criada na região grave (baixas).
   ( ) *Notch* é uma curva estreita de equalização.

   Agora, marque a alternativa que apresenta a sequência obtida:

   a) V, F, V, V, V.
   b) V, V, V, V, V.
   c) V, V, F, V, F.
   d) F, V, F, V, F.
   e) V, V, F, F, V.

3. Assinale com V ou F as afirmações a seguir:
   ( ) *Gain match* consite em uma técnica para equiparar os ganhos antes e depois de um processamento.
   ( ) Recomenda-se dar *boosts* exagerados nas regiões graves e agudas, para favorecer a reprodução em qualquer dispositivo.
   ( ) Um *boost* do tipo *bell* na região dos 4 kHz pode favorecer o timbre da guitarra ou da caixa da bateria.
   ( ) Aumentar as frequências agudas traz o elemento "para a frente", o que é interessante para o vocal principal, por exemplo.
   ( ) Aconselha-se deixar todos os instrumentos de uma música claros, brilhantes, cheios e profundos, sem contraste.
   ( ) Em uma apresentação ao vivo, quando estamos longe dos PAs, ouvimos mais as frequências graves. Portanto, quanto maior é a distância, menos informações agudas podemos escutar.

   Agora, marque a alternativa que apresenta a sequência obtida:

   a) V, F, V, V, V, V.
   b) V, V, V, V, V, F.
   c) V, V, F, V, F, F.
   d) F, V, F, V, F, V.
   e) V, F, V, V, F, V.

4. Assinale com V ou F as afirmações a seguir:
   ( ) A percepção de distância também pode ser simulada com o volume.
   ( ) A lei do pan (*pan law*) corresponde à compensação da diferença de volume entre o sinal direcionado para o meio e o direcionado para um dos lados.

( ) Instrumentos graves no pan devem ser centralizados, a fim de que o público possa ouvir a música em volumes altos sem distorções.
( ) O paneamento permite fazer com que a música soe "grande".
( ) A programação adequada do paneamento melhora a clareza e a separação de timbres cujas frequências são similares.

Agora, marque a alternativa que apresenta a sequência obtida:

a) V, F, V, V, V.
b) V, V, V, V, V.
c) V, V, F, V, F.
d) F, V, F, V, F.
e) V, V, F, V, V.

5. Assinale com V ou F as afirmações a seguir:
( ) A automatização permite ao produtor programar modulações (mudanças ao longo do tempo) de maneira precisa e despreocupada.
( ) Em geral, as automações são representadas por uma linha que acompanha o clipe de áudio ou MIDI.
( ) Programar a automação de *dry/wet* é melhor do que ligar e desligar um *plugin*, pois evita possíveis ruídos/estalos.
( ) É possível automatizar a equalização para criar um efeito de som de rádio em alguma parte da música, por exemplo.
( ) Automatizar o pan pode ajudar a enfatizar momentos na música, como uma estrofe mais estreita e um refrão mais aberto.

Agora, marque a alternativa que apresenta a sequência obtida:

a) V, F, V, V, V.
b) V, V, F, V, V.
c) V, V, F, V, F.
d) F, V, F, V, F.
e) V, V, V, V, V.

Treinando o repertório

Questões para reflexão

1. Veja (ou melhor, escute) o vídeo indicado a seguir (Barbeiro Virtual), preferencialmente de olhos fechados e obrigatoriamente com fones de ouvido. Atenção: não continue a leitura antes de fazer isso.
VIRTUAL Barber Shop (Audio... use headphones, close ur eyes). Disponível em: <www.youtube.com/watch?v=IUDTIvagjJA>. Acesso em: 11 abr. 2023.

    Você conseguiu perceber os papéis do panorama e do volume no áudio? Considere que, até este momento, tudo o que estudamos sobre áudio diz respeito, no máximo, ao som em estéreo – dois canais, esquerdo e direito. A experiência auditiva do "barbeiro" consegue tamanha imersão utilizando apenas dois canais. Em um cinema, você já deve ter percebido mixagens em Dolby 5.1, o que corresponde a seis canais diferentes. Atualmente, também existe o Dolby Atmos, o qual geralmente conta com nove, mas pode chegar até uma centena deles.

2. Todas as possibilidades de simular um ambiente real, quando aplicadas à música, substituem a apreciação ao vivo de uma *performance* musical? Você acredita que os eventos presenciais estão ameaçados por conta da tecnologia?

Atividade aplicada: prática

1. Retome a produção musical que você elaborou na atividade prática do capítulo anterior. Agora, você deverá criar um elemento em sua música que explore a tridimensionalidade do som, por meio dos parâmetros volume, pan e reverberação. Faça automações desses parâmetros para tornar sua experiência mais dinâmica. Depois, realize o mesmo procedimento com outro projeto isolado, mas escolha um efeito sonoro (por exemplo, um estalar de dedos). Simule alguém que caminha ao seu redor estalando os dedos (obs.: fechar os olhos ajuda no processo de criação dessa automação).

Capítulo 6
SOFTWARES PARA CRIAÇÃO MUSICAL

Neste capítulo, abordaremos outros *softwares* para criação musical, tais como *plugins* não mencionados nos capítulos anteriores, instrumentos virtuais (VSTi), editores de áudio, editores de partitura e editores de vídeo.

Esperamos que, ao final, você se torne apto a reconhecer *plugins* e instrumentos virtuais que poderão ser usados em suas produções, bem como editores de áudio para auxiliar seu trabalho, tanto internamente quanto externamente à DAW. Você também conhecerá editores de partitura pagos e gratuitos que certamente o ajudarão no momento de transcrever informações MIDI para partituras, e vice-versa, e possibilitarão a criação de arranjos com diferentes abordagens. Além disso, você poderá recorrer aos editores de vídeo apresentados aqui para o desenvolvimento de vídeos musicais ou para o desenho de som (*sound design*) de efeitos, trilhas e narrações de filmes, propagandas, *games* etc.

6.1 *Plugins*

Como vimos no Capítulo 4, um *plugin* consiste em um módulo com funções de síntese ou processamento de sinal e que pode ser facilmente importado para um canal ou faixa de gravação de áudio ou MIDI. Também explicamos que trabalhar *in the box* (ITB) tem diversas vantagens em relação a *out of the box* (OTB) e que, embora os *plugins* demandem mais processamento, são atrativos por trazerem facilidades e flexibilidade, desde uma básica reverberação até a modelagem de sintetizadores *vintage*.

Atualmente, há uma infinidade de *plugins* disponíveis para *download* na internet, tanto pagos como gratuitos ou, ainda, por assinatura. Existem alternativas gratuitas de *plugins* pagos que cumprem as mesmas funções e com a mesma qualidade. O importante é dominar as ferramentas de que dispomos, em vez de contar com várias com as quais mal sabemos trabalhar.

De acordo com Winer (2018), uma das vantagens dos *plugins* é que basta adquiri-los uma única vez e eles poderão ser utilizados em quantas faixas se fizerem necessários. Além disso, são perfeitamente replicáveis, desde que estejam com os parâmetros nas mesmas configurações, e os canais L e R de um *plugin* estéreo sempre soam idênticos. Com relação aos equipamentos analógicos, os *plugins* também apresentam menos ruído e distorção.

Segundo Manning (2013), os *plugins* podem funcionar em tempo real ou ser aplicados posteriormente, processando a informação MIDI ou áudio e gerando um novo arquivo WAV. Nesta última opção, exige-se menor capacidade de processamento do computador. Neste capítulo, trataremos de outros *plugins*, como os que fazem o processamento simultâneo de frequência e de tempo, bem como *plug-ins* de distorção, de redução de ruído etc.

6.1.1 Processadores de frequência e de tempo

O *pitch shifting* serve para alterar a frequência do áudio, ou seja, torná-la mais grave ou mais aguda. Um dos primeiros exemplos desse efeito pôde ser observado em uma música para gramofone, de Paul Hindemith and Ernst Toch (Wilmering et al., 2020). Consistia na regravação de um som sendo tocado em diferentes velocidades. Há muitos efeitos que envolvem esse princípio de utilizar diferentes velocidades do som, como o *chorus*, por exemplo.

Hoje em dia, é possível fazer isso por meio de algoritmos que funcionam de diversas formas: mudando a velocidade da taxa de amostragem (*sample rate*), o que modifica a duração do *sample*; compensando essa alteração de velocidade – portanto mantendo a duração do *sample*, entre outras possibilidades. No entanto, essa funcionalidade não se restringe à música. Atualmente, vários filtros presentes nas redes sociais alteram a voz, tornando-a mais grave ou mais aguda, para simular personagens, por exemplo.

No início dos anos 1950, com o advento da gravação em fita, houve uma grande expansão de possibilidades para a produção musical. Um dos primeiros dispositivos que permitiam a variação de velocidade nas gravações foi o Phonogene, posteriormente aprimorado para o Phonogene Universal, que fazia a mudança de *pitch* independentemente da duração. Muitos outros dispositivos foram criados nos anos seguintes, gerando inovações nesse sentido (Wilmering et al., 2020).

Na música, o *pitch shifting* também pode ser utilizado para mudar o *pitch* da voz ou como efeito para criar uma harmonia vocal, por exemplo. É o caso do Eventide H910 Harmonizer (Figura 6.1), lançado em 1974, o primeiro *pitch shifter* que não alterava a duração do *sample* e que fazia esse processamento em tempo real. O equipamento foi amplamente empregado por engenheiros de mixagem de grandes artistas, como John Lennon, AC/DC e Led Zeppelin. Na atualidade, existe a versão *plugin* desse *hardware*.

Figura 6.1 – Eventide H910 Harmonizer

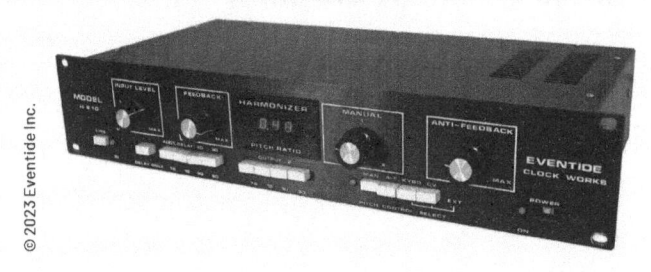

© 2023 Eventide Inc.

Entretanto, esse recurso não viabiliza a correção de imperfeições (como afinação) em uma voz ou *performance* instrumental, uma vez que elas são inconstantes e variadas. O Auto-Tune foi o primeiro dispositivo (*hardware*, posteriormente acompanhado por um *plugin*) que corrigia automaticamente a afinação, de modo a deixar a *performance* mais consistente, podendo até mesmo atuar em um *vibrato*.

Contudo, o Auto-Tune não permite corrigir, por exemplo, a afinação da corda desafinada de um violão em um acorde. Essa realidade mudou com o lançamento de uma funcionalidade do *software* Melodyne, que separa um sinal polifônico (como um acorde) em notas individuais. Assim, é possível alterar uma nota desafinada ou errada de um acorde ou, até mesmo, mudar o acorde todo.

> Quando produzo músicas com vocal, utilizo o Melodyne para afinar a voz, por ser uma ferramenta que possibilita um tratamento minucioso de cada sílaba, o que torna bastante natural o resultado da correção. Em minha opinião, o Auto-Tune é útil para pequenas correções – além de ser mais rápido (como um *plugin* melhorador instantâneo) – e é principalmente utilizado para *performances* ao vivo. Por sua vez, o Melodyne é o *plugin* que permite correções específicas e personalizadas de acordo com o material gravado, não se aplicando a *performances* ao vivo.

6.1.2 Efeitos baseados em *delay*

Partindo do princípio do atraso (*delay*) de uma ou várias cópias do sinal de áudio em relação ao sinal original, muitos efeitos são criados. Veremos os principais efeitos dessa natureza nesta seção.

6.1.2.1 *Vibrato*

De acordo com Zölzer (2002), o *vibrato* consiste na variação rápida do *pitch* causada pela variação da distância – no *delay*, seria o *delay time* (ou tempo de atraso). Conforme o exemplo do autor, quando um carro passa por nós, podemos perceber o efeito Doppler (variação no *pitch* do som do carro), causado pela variação na distância – esse é o princípio do *vibrato*.

No *delay*, tal variação é periódica, controlada por um oscilador. Nesse caso, os valores desse efeito são, em média, de 5 a 10 ms, e o oscilador de baixa frequência (em inglês, *low frequency oscillator* – LFO) terá a frequência de 5 a 14 Hz. Por sua vez, no *vibrato*, apenas o sinal que foi processado será ouvido na saída.

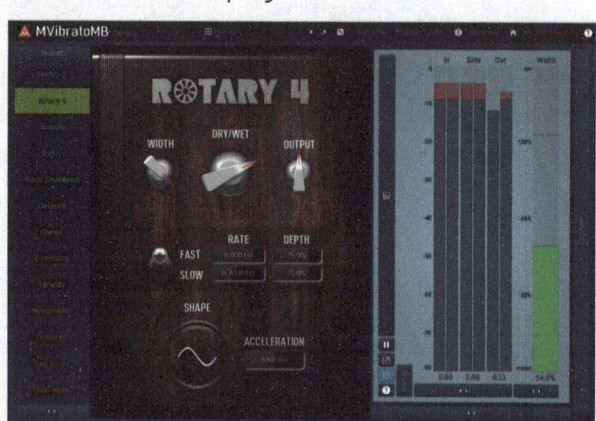

Figura 6.2 – MVibratoMB – *plugin* de *vibrato*

Fonte: MeldaProduction, 2022.

Um *plugin* que simula desde o *vibrato* básico até os *vibratos* mais complexos com diferentes modulações é o MVibratoMB (Figura 6.2), da fabricante MeldaProduction. Cabe observar que a empresa disponibiliza um pacote de *plugins* gratuitos e para teste, com muitas opções de efeitos, processadores de sinal, medidores etc.

6.1.2.2 Chorus

Wilmering et al. (2020) relatam uma história interessante sobre o guitarrista Les Paul. Em 1941, ele começou a produzir efeitos de repetição e, ao fim da década, já era pioneiro em diversas técnicas que utilizam efeitos com gravação multipista. Paul gravava várias linhas de guitarra, alterando a velocidade de algumas, o que criava uma sonoridade tão única que os produtores da época ficavam sem palavras.

Segundo os autores, quando Paul gravava linhas de guitarra sobrepostas várias vezes, ele, na realidade, criava o efeito *chorus* (Wilmering et al., 2020). No entanto, esse efeito precisava ser construído camada por camada, pois não era instantâneo. Foi somente em 1973, com o lançamento do *delay* Lexicon Delta T – o primeiro *delay* digital –, que se tornou possível criar atrasos menores que 30 ms, os quais soavam instantaneamente como um evento único e em tempo real.

De acordo com Zölzer (2002), o *chorus* consiste em várias cópias do sinal de entrada com atraso entre 10 e 25 ms. Tais cópias apresentam variações em seus tempos de atraso. O princípio de funcionamento desse efeito é basicamente o mesmo do *vibrato*, mas com mais vozes. Outra diferença entre eles se refere ao fato de que o *chorus* é obtido pela soma do sinal processado com o sinal original.

O nome *chorus* vem de "coro", para simular um grupo coral, sob a prerrogativa de ser humanamente impossível que todas as vozes de um coral cantem exatamente ao mesmo tempo – isso explica as variações randômicas nos tempos de atraso.

A Figura 6.3, a seguir, mostra a imagem da interface do MChorusMB, *plugin* que também foi desenvolvido pela MeldaProduction.

Figura 6.3 – MChorusMB – *plugin* de *chorus*

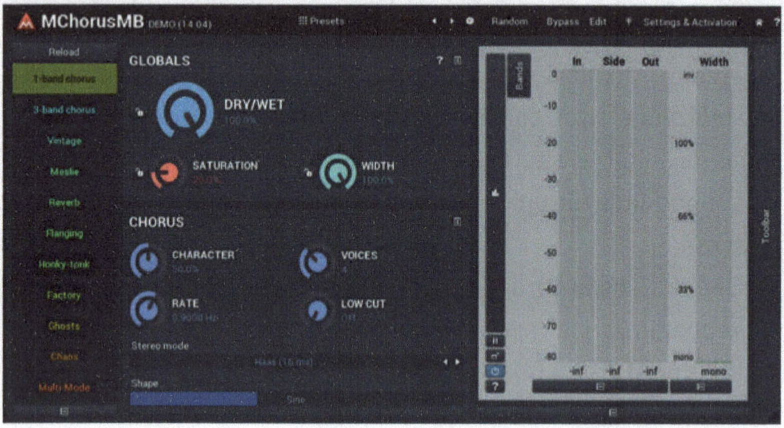

Fonte: MeldaProduction, 2022.

6.1.2.3 *Flanger*

O guitarrista Les Paul também é tido como o primeiro a utilizar o efeito de *flanger*, em 1952 (Wilmering et al., 2020). O primeiro engenheiro de som a usá-lo com o sistema automático de duplicação do sinal (*automatic double tracking* – ADT) foi Ken Townsend, em 1960, nos estúdios Abbey Road, onde os The Beatles gravaram. Aliás, John Lennon foi quem cunhou o termo *flanging* (Wilmering et al., 2020).

Um dos primeiros equipamentos específicos de *flanger* foi o Eventide Instant Flanger, lançado em 1975. O princípio do efeito é parecido com o do *chorus*, porém há apenas uma voz e a modulação é regular, além de o tempo de atraso ser menor que 15 ms. O resultado é um som que lembra o ruído de um avião no céu.

Figura 6.4 – Tal-Flanger – *plugin* de *flanger*

Fonte: KVR Audio, 2023b.

Outra companhia que disponibiliza *plugins* gratuitos e de ótima qualidade é a Togu Audio Line (TAL). O Tal-Flanger (Figura 6.4) tem uma interface simples, mas seu controle é preciso, e os resultados são bastante confiáveis.

6.1.2.4 Phaser

O *phaser* é um efeito que muitos produtores iniciantes confundem com o *flanger*, porque o resultado sonoro obtido é similar. A diferença é que, em vez de usar o próprio sinal, o *phaser* utiliza filtros (como no equalizador).

O tipo de curva empregada no *phaser* é a *notch* (nó). Na realidade, um conjunto de nós é encadeado e modulado por um LFO, e esses nós modulantes processam o sinal de entrada (Zölzer, 2002). O *phaser* promove cancelamentos de fase no sinal.

Figura 6.5 – ChowPhaser – *plugin de phaser*

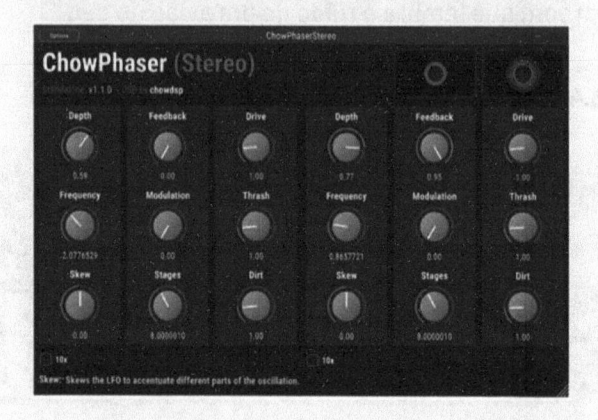

Fonte: KVR Audio, 2023a.

O ChowPhaser (Figura 6.5) é um *plugin* gratuito criado pela empresa Chowdhury DSP e que é muito interessante para criar efeitos de *phaser*, *vibrato*, entre outros. É possível controlar parâmetros como a profundidade do efeito (*depth*), a frequência (velocidade) com que ele oscilará, o nível de modulação e os estágios (*stages*), que correspondem à quantidade de filtros que serão utilizados na modulação. Os controles são bem precisos, e a interface é bastante intuitiva, pois apresenta explicações sobre as funcionalidades de cada botão.

6.1.3 Distorções

De acordo com Lézin (2020), a distorção corresponde à deformação de um sinal transmitido, o que é um conceito bem amplo – já que qualquer processamento causa esse efeito (equalização, compressão etc.). Porém, há uma distinção a ser feita entre a distorção como um subproduto indesejável – geralmente, dos circuitos analógicos e digitais – e aquela que é desejável. Neste último caso, algumas variáveis devem ser consideradas, como o tipo de distorção, a quantidade a ser aplicada e o contexto da música/do instrumento.

Segundo o autor, existem muitas formas de distorção. As distorções harmônicas, também classificadas como não lineares, adicionam harmônicos (frequências) ao sinal original, os quais têm relação com as frequências fundamentais do sinal original. O resultado pode enfatizar os harmônicos pares, ímpares ou, ainda, uma combinação deles. Outro tipo de distorção é a de fase (*phase shifting* é um exemplo), a qual, em razão de não adicionar harmônicos, consiste em uma distorção linear (Lézin, 2020).

Lézin (2020) também cita a distorção por intermodulação, na qual existem duas frequências fundamentais, sendo que uma modula a outra. Há, ainda, a distorção *crossover* (ou *zero crossing*), que ocorre na intersecção (o "zero") da polaridade do sinal, bem como a distorção de quantização (*bit depth*), que surge, por exemplo, na conversão analógico-digital.

Cabe fazer uma distinção entre saturação e distorção. A palavra *distorção* é bastante ampla e se aplica a qualquer deformação no som, incluindo a saturação. Por sua vez, *saturação* é um termo originado da utilização de componentes elétricos nos equipamentos analógicos, que não suportavam a quantidade de sinal elétrico que recebiam, ou seja, havia uma sobrecarga (saturação) do sinal. Assim, essa saturação fazia com que o sinal de saída fosse diferente do de entrada, isto é, não linear.

> **Em alto e bom som!**
>
> De acordo com o *website* Sage Audio (2023), a saturação ocasiona duas mudanças de característica no sinal original: a compressão, com *soft knee* e *ratio* baixo de, geralmente, 2:1 ou 4:1, e a distorção do som, que adiciona harmônicos cuja qualidade, quantidade e intensidade dependem dos componentes, entre uma série de fatores.

Cada componente provocava um resultado diferente quando sobrecarregado, o que também variava conforme as características do sinal enviado – isto é, não apenas a intensidade, mas o timbre, a dinâmica, a imagem estéreo etc.

Considerando-se a quantidade de componentes e de marcas, assim como a construção dos equipamentos e as características dos sinais de áudio, existe, portanto, uma infinidade de formas de saturação. As saturações analógicas mais comuns são as de válvula (*tube*), de transistor e de fita magnética. Na página Sage Audio (2023), afirma-se que cada uma se comporta de modo particular em relação à sobrecarga de sinal, produzindo diferentes harmônicos e distintas quantidades de distorção e do timbre em geral.

Ainda segundo o *website*, os *plugins* não conseguem emular todas as características dos equipamentos analógicos, pois são muitas variáveis envolvidas (Sage Audio, 2023). Além dos componentes (válvulas, transistores etc.), a quantidade e a variação de eletricidade, de temperatura, de umidade, entre outros fatores, exercem influência no comportamento desses equipamentos e, consequentemente, no resultado sonoro. Ainda, esses aparelhos são caros e nada convenientes. Nesse sentido, os *plugins* representam uma maneira de incluir tais possibilidades na produção musical.

Conforme mencionado por Winer (2018), a maioria dos simuladores de fita e de amplificadores são *plugins*. A diferença principal entre eles é o caráter harmônico adicionado ao espectro de frequências do sinal. O objetivo da fita é acrescentar uma distorção sutil (saturação), ao passo que no amplificador de guitarra (como o AmpliTube, da companhia IK Multimedia, apresentado na Figura 6.6), a distorção é mais agressiva.

Figura 6.6 – AmpliTube – simulador de amplificador de guitarra

Fonte: IK Multimedia, 2015.

Segundo Winer (2018), a distorção *bitcrusher* consiste na redução do *sample rate*. Esse efeito é utilizado em produções de baixa fidelidade (*low-fi*), tornando o áudio truncado e reduzindo a resolução.

> Frequentemente uso essa distorção para criar músicas e efeitos sonoros no estilo *chiptune* – músicas de *videogames* antigos.

Um *plugin* gratuito e com boa variedade e qualidade de opções de saturação é o PreBOX, da empresa Analog Obsession, que conta com 11 tipos de simulações de saturações e diferentes modelos de amplificadores (transistores e valvulados), bem como simulações de fita.

6.1.4 *Noise reduction* (redução de ruído)

O *noise reduction* pode reduzir os ruídos constantes de fundo em uma gravação, como o ruído de corrente elétrica, por exemplo – muito comum em guitarras com distorção. Antigamente, esse ruído era controlado apenas configurando-se os decibels de atuação – o chamado *noise gate*. O ruído permanecia com o sinal do instrumento, mas era atenuado somente nos pequenos intervalos da *performance*.

Atualmente, é possível "ensinar" ao algoritmo o perfil do ruído a ser atenuado no sinal, permitindo que seja retirado com maior precisão e constância. O *clicks and pops removal*, também chamado de *de-click*, é outro tipo de *noise reduction*, destinado a remover os ruídos de estalos como os que percebemos em uma gravação em vinil.

6.2 Instrumentos virtuais

Controláveis por MIDI, os instrumentos virtuais são *plugins* que simulam timbres e articulações de sintetizadores ou instrumentos musicais. Segundo Yun e Cha (2013), a maior atração dos instrumentos virtuais é o fato de que eles parecem reais (nem sempre...). Conforme Manning (2013), as fabricantes Steinberg e Native Instruments estão entre as pioneiras desse segmento.

Como já vimos, a Steinberg lançou seu próprio protocolo de *plugin*, conhecido como *virtual studio technology* (VST) – tecnologia de estúdio virtual –, que, em 1999, foi expandido para VSTi ("i" de *instrument*), consolidando de uma vez por todas o conceito de instrumento virtual.

Um dos primeiros VSTis de sintetizador foi o Model-E, da Steinberg, que simulava o Minimoog. O Pro-Five e o FM7, ambos da Native Instruments, simulavam, respectivamente, o sintetizador Sequential Prophet 5 e o teclado Yamaha DX7.

A Native Instruments também produziu o Reaktor, em 1998, que permite desenvolver *plugins* e sintetizadores, e posteriormente o Kontakt, que consiste em uma plataforma para executar bibliotecas de sons sampleados, como os de instrumentos musicais, orquestras, corais etc.

De acordo com Khandamian e Khasanov (2021), na última década, houve um crescimento de companhias fabricantes de bibliotecas de instrumentos musicais. Exemplos são Spitfire, Cinesamples, Heavyocity, Soundiron e a própria Native Instruments. Algumas dessas fabricantes se especializaram em instrumentos de orquestra, outras em instrumentos étnicos, enquanto outras são mais genéricas.

> Uma marca de instrumentos virtuais que utilizo em parte das minhas produções, quando preciso de timbres de instrumentos convencionais (por exemplo, violão, guitarra, baixo), é a Ample Sound. Ela disponibiliza versões gratuitas de *plugins*, como o Ample Guitar M Lite e o Ample Bass P Lite.

6.3 Editores de áudio

Os editores de áudio funcionam de maneira similar a uma DAW, ou seja, diferentes editores cumprem o mesmo objetivo, mas apresentam pequenas diferenças de funcionamento. Esses editores dispõem de muitas funções, como um simples corte ou *fade out*, redução de ruídos (*noise reduction*), mudança de formante (característica harmônica) etc. Muitas DAWs têm seus próprios editores de áudio como *plugins* nativos, como é o caso do Edison, do FL Studio.

> Há uma verdadeira infinidade de editores de áudio, tanto pagos (como o Adobe Audition) quanto gratuitos (como o Audacity). Em meu trabalho, utilizo basicamente dois editores desse tipo: Edison e Adobe Audition.
>
> Por ser um *plugin* nativo, o Edison (Figura 6.7) permite manter o *workflow* dentro da DAW, o que é mais prático para o processo de produção. Costumo usá-lo para diversas funções, como mudar o formante, descobrir o *pitch* (nota) de um *sample*, remover ruídos, borrar o som (*blur*), criar *fades*, entre outras funções. Trata-se de uma ferramenta muito prática, pois, a cada alteração feita, é possível facilmente arrastar o novo *sample* para o projeto. Além disso, recorro a ele quando quero aplicar um processamento a um canal

enquanto ouço o resultado, já que, em certos casos, a função de renderizar o áudio em segundo plano pode não funcionar corretamente e, com efeito, gerar um resultado diferente do esperado. Isso também pode ocorrer ao renderizar a música inteira; então, inserir o editor de áudio (Edison) no canal *master* é uma opção mais segura.

Figura 6.7 – Edison

© 2023 Image Line Software

Opto pelo *software* Adobe Audition (Figura 6.8) para realizar processos em lote, como converter uma série de arquivos de WAV para MP3. Na minha experiência, essa é a melhor ferramenta para edições normais como corte, *fade in*, *fade out* e emendas. A interface gráfica de usuário (em inglês, *graphical user interface* – GUI) do Audition é muito fluida e precisa, permitindo edições com extremo controle e exatidão.

Figura 6.8 – Adobe Audition

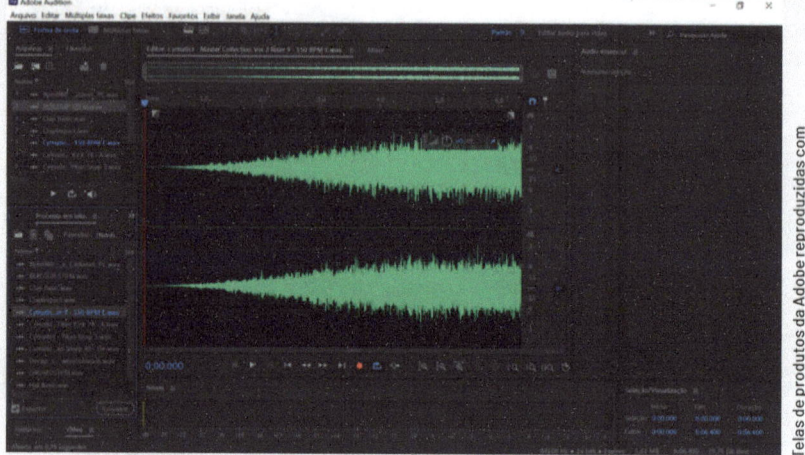

Fonte: Adobe, 2022.

Telas de produtos da Adobe reproduzidas com permissão da Adobe Systems Incorporated.

Outra funcionalidade que frequentemente utilizo se refere à seleção de correção automática (Figuras 6.9 e 6.10), por meio da qual é possível remover ruídos ou imperfeições no áudio. O algoritmo dessa opção é bastante eficaz e, na maioria dos casos, cumpre o objetivo sem descaracterizar o *sample*.

Figura 6.9 – Correção automática

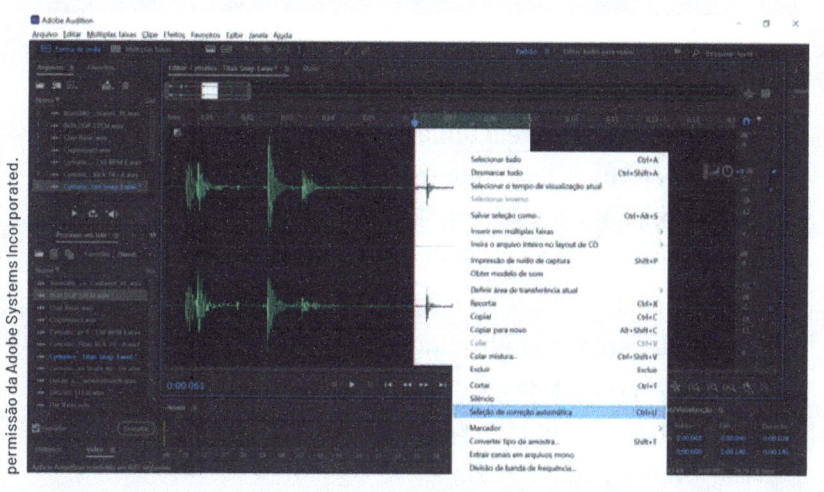

Fonte: Adobe, 2022.

Figura 6.10 – Resultado da correção automática

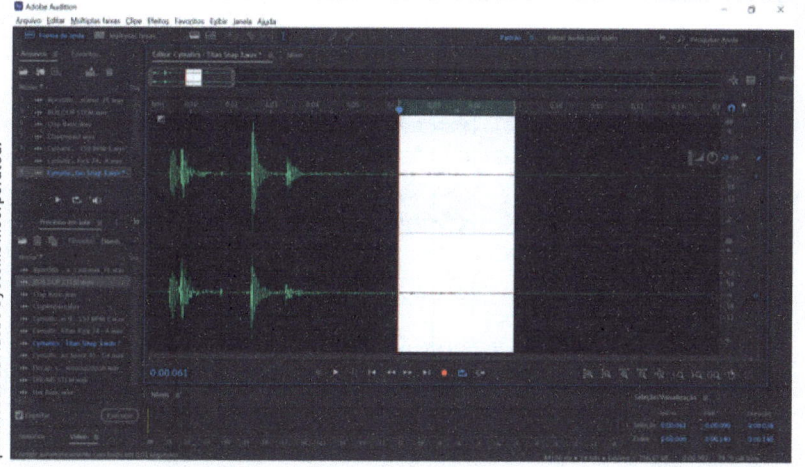

Fonte: Adobe, 2022.

Uma alternativa gratuita ao Adobe Audition é o Audacity (Figura 6.11). Segundo o *site* do time de desenvolvimento do *software*, ele permite:

- gravar áudio ao vivo (em tempo real);
- gravar o *playback* do computador;
- converter áudio de fitas e vinil em áudio digital;
- editar formatos WAV, AIFF, FLAC, MP2, MP3, OGG;
- cortar, copiar, separar ou mixar sons;
- inserir numerosos efeitos, incluindo mudar a velocidade, a frequência e o tempo de gravação;
- desenvolver seus próprios *plugins*, entre outras funcionalidades (The Audacity Team, 2023).

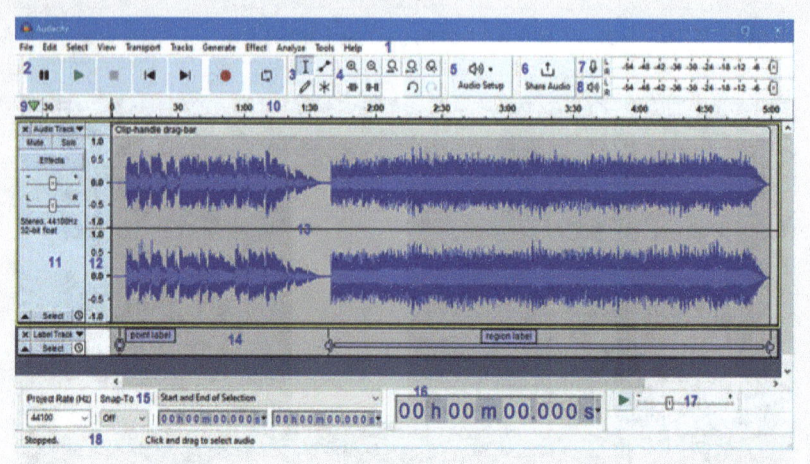

Figura 6.11 – Interface do Audacity

Fonte: Audacity, 2023.

6.4 Editores de partitura

Os editores de partitura fornecem as ferramentas necessárias para escrever, editar, escutar e exportar partituras por meio da notação musical tradicional e tendo como base a tecnologia MIDI.

De acordo com Velarde Chong (2021), tais *softwares* agregam recursos para os contextos educativos. Nesse sentido, existem *plugins* que ajudam os estudantes a perceber erros de condução de vozes em aulas de harmonia, assim como a identificar quais notas utilizadas estão dentro ou fora da extensão de determinado instrumento, entre outros exemplos. Esses *plugins* também disponibilizam técnicas de desenvolvimento de motivos para transformar uma ideia musical. Ademais, escutar o que está escrito na partitura auxilia no processo de desenvolvimento da leitura musical.

Entre esses *softwares*, destacam-se o Finale e o Sibelius, que originalmente eram pagos, e os gratuitos MuseScore (*stand-alone* e *on-line*) e Noteflight (*on-line*).

O Finale, da fabricante MakeMusic, e o Sibelius, da AVID (a mesma do Pro Tools), são os mais antigos, têm maior suporte e contam com mais funcionalidades em relação aos gratuitos. Também cabe mencionar o Dorico, da fabricante de *plugins* Steinberg, que pode ser encontrado tanto em versão gratuita como paga, ambas no formato *stand-alone*.

Atualmente, o Finale pode ser testado por 30 dias, e o Sibelius tem uma versão *free* com funcionalidades limitadas. Porém, o Noteflight é o mais prático para quem vai começar a editar partituras, pois não exige instalação – em comparação, o Sibelius, por exemplo, demanda mais de 1 GB de espaço de armazenamento.

Uma das vantagens do fato de tais *softwares* trabalharem com MIDI é que isso permite a comunicação entre o editor de partitura e uma estação de trabalho de áudio digital. Por exemplo, ao criar um arranjo no editor de partituras, é possível abri-lo na DAW para trabalhar o áudio, aplicar os *plugins* de instrumentos e processamentos, mixar etc.

Por outro lado, se produzimos uma música em uma DAW, mas precisamos entregar as partituras para os músicos de uma orquestra, basta exportar o MIDI pela DAW e, em seguida, importá-lo no editor de partituras para fazer as edições necessárias. Esse processo é simples e, em geral, funciona corretamente. No entanto, é sempre interessante fazer conferências a fim de verificar a necessidade de realizar ajustes tanto na partitura como na informação MIDI.

6.5 Vídeo musical

De acordo com Winer (2018), a maior parte dos editores de vídeo opera de modo similar a uma DAW, com multipistas que contêm clipes de áudio e vídeo. Esses *softwares* também vêm com *plugins* que são utilizados para alterar a aparência do vídeo, o qual pode ser renderizado (exportado) após a edição, assim como uma música.

Segundo o autor, a maioria dos vídeos de música atuais são *overdubs* (como uma dublagem), ou seja, os artistas têm a gravação já mixada e, no vídeo, fingem que a estão tocando (Winer, 2018). Nessa *performance*, o som é gravado, mas o objetivo é apenas facilitar a sincronização de imagem e áudio.

Muitas vezes, várias sessões de uma mesma música são gravadas, para a captação de diferentes ângulos, cenários etc.; então os artistas precisam repetir a *performance* todas essas vezes. Dessa maneira, é possível focar o guitarrista enquanto ele sola, por exemplo. Winer (2018) acrescenta que, em uma gravação na qual o áudio é realmente captado ao vivo, este geralmente é gravado separadamente, por meio da mesa de som.

As edições de vídeo também são feitas de modo semelhante ao que se faz em uma DAW. Isso porque cada clipe, seja de vídeo, seja de áudio, pode contar com *fade in*, *fade out*, *zoom* (aumentar ou diminuir o volume), panorama (o vídeo passa de um lado para o outro, dando um efeito de observação), processamento para correções ou efeitos artísticos, entre diversas outras opções.

Uma diferença é que, normalmente, os clipes de vídeo surgem apenas uma vez na linha do tempo, ao contrário de uma música, em que os elementos se repetem. Além disso, quando existem clipes de vídeo simultâneos, apenas um deve ser escolhido para aparecer; outra opção consiste em um redimensionamento que permita que ambos caibam na tela.

> No mercado, há os editores de vídeo tradicionais, como o Sony Vegas e o Adobe Premiere, ambos pagos. Porém, para meus cursos de produção musical, utilizo o DaVinci Resolve (Figura 6.12), que (literalmente) resolve tudo o que preciso em termos de produção de vídeo, além de ser gratuito.

Figura 6.12 – DaVinci Resolve 16

Fonte: Blackmagic Design, 2019.

Atualmente, também existem editores de vídeo *on-line*, como o Clipchamp e o WeVideo. Ambos disponibilizam planos pagos, embora possam ser usados gratuitamente, com algumas limitações de funcionalidades e conteúdo.

Nos editores *on-line*, é possível importar (Figura 6.13) os arquivos de vídeo e de áudio diretamente do computador ou de redes sociais e plataformas de armazenamento na nuvem, como Google Drive e Dropbox. De fato, a grande vantagem de se trabalhar com *softwares* e arquivos na nuvem é que não há necessidade de instalação e armazenamento, o que geralmente demanda muito espaço.

Figura 6.13 – Importação no WeVideo

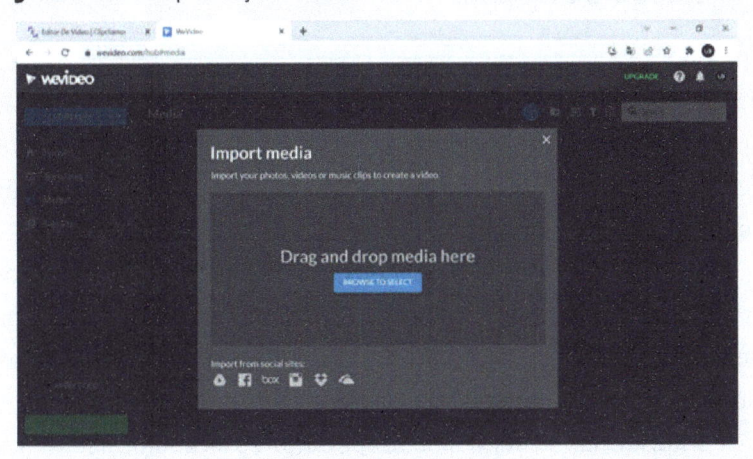

Fonte: Rustberggaard; Svendsen; Larsen, 2011.

No WeVideo, também é possível escolher *templates* como ponto de partida para a criação de um projeto de vídeo, tal como o exposto na Figura 6.14.

Figura 6.14 – Interface do WeVideo

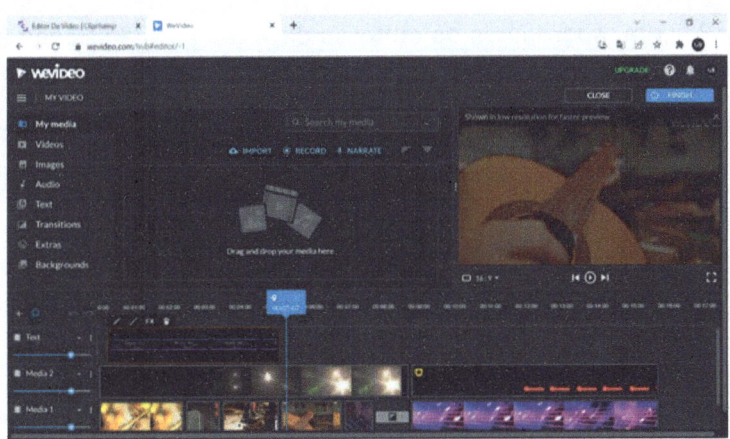

Fonte: Rustberggaard; Svendsen; Larsen, 2011.

▷▷ Resumo da ópera

Neste capítulo, apresentamos outros *plugins* utilizados na produção musical, como os que fazem o processamento simultâneo de frequência e de tempo, distorções (de fita e de amplificador) e redução de ruído (*noise supressor*).

Em seguida, tratamos dos instrumentos virtuais e elencamos as principais marcas de *plugins* e de bibliotecas de instrumentos. Também mencionamos os VSTis que simulam sintetizadores e instrumentos reais, como guitarra e baixo.

Posteriormente, com relação aos editores de áudio, discutimos as principais funções e utilizações desses *softwares* dentro e fora da DAW. Algumas de suas funcionalidades mais interessantes são a remoção de ruídos e a mudança de formante.

Na sequência, descrevemos o funcionamento dos editores de partitura e indicamos alguns dos principais *softwares* do mercado, pagos e gratuitos, que tanto podem ser instalados quanto abertos em versão *stand-alone*.

Por fim, abordamos os editores de vídeo para a criação do clipe musical, com destaque para o WeVideo, ferramenta *on-line* que poderá ser usada para a realização da atividade prática deste capítulo.

Teste de som

1. Assinale com V ou F as afirmações a seguir:
   ( ) O *pitch shifting* serve para alterar a frequência do áudio, ou seja, torná-la mais grave ou mais aguda.
   ( ) O Phonogene foi o primeiro dispositivo que alterava o *pitch* sem modificar a duração.
   ( ) O Eventide H910 Harmonizer foi o primeiro dispositivo de *pitch shifting* em tempo real.
   ( ) O Auto-Tune foi o primeiro dispositivo a permitir a afinação de notas avulsas de um acorde.
   ( ) O Melodyne é uma excelente ferramenta para processamento em tempo real de instrumentos de percussão.

   Agora, marque a alternativa que apresenta a sequência obtida:

   a) V, V, V, V, F.
   b) V, V, V, F, F.
   c) V, F, V, F, F.
   d) V, V, V, F, V.
   e) F, V, V, F, F.

2. Assinale com V ou F as afirmações a seguir:
   ( ) O efeito *vibrato* diz respeito à variação rápida do *pitch* e é criado pela variação do tempo de atraso.
   ( ) O nome *chorus* vem de "coro", pois o efeito "simula" um grupo coral.
   ( ) O *chorus* consiste em várias cópias do sinal de entrada que atrasam entre 10 e 25 ms, com variações desses tempos de atraso.

( ) O primeiro *delay* digital, o Lexicon Delta T, permitia criar atrasos menores que 30 ms, os quais soavam como um evento único instantaneamente, possibilitando o efeito *chorus* em tempo real.

( ) O princípio do *flanger* é parecido com o do *chorus*, mas há apenas uma voz com modulação regular, e o tempo de atraso é menor que 15 ms.

Agora, marque a alternativa que apresenta a sequência obtida:

a) F, V, V, F, F.
b) V, V, V, F, V.
c) V, V, V, V, V.
d) V, F, V, F, V.
e) F, V, F, V, F.

3. Assinale com V ou F as afirmações a seguir:
   ( ) O resultado do efeito *chorus* lembra o ruído de um avião no céu.
   ( ) O *flanger* utiliza filtros do tipo *notch* no sinal.
   ( ) O *phaser* é um efeito frequentemente confundido com o *flanger*.
   ( ) A forma mais associada à palavra *distorção* é a distorção harmônica.
   ( ) A distorção harmônica adiciona *reverb* ao sinal.

   Agora, marque a alternativa que apresenta a sequência obtida:

   a) V, V, V, F, F.
   b) F, V, V, F, V.
   c) V, F, V, V, V.

d) F, F, V, V, F.
e) V, V, F, V, F.

4. Assinale com V ou F as afirmações a seguir:
   ( ) A distorção *crossover* (ou *zero crossing*) ocorre na intersecção (o "zero") da polaridade do sinal.
   ( ) Os *plugins* conseguem emular todas as características dos equipamentos analógicos.
   ( ) O *noise reduction* pode reduzir os ruídos constantes que se ouvem ao fundo em uma gravação, como o som de corrente elétrica.
   ( ) O *de-click* serve para desligar o metrônomo ao longo da gravação.
   ( ) O *noise gate* retira o ruído apenas nos intervalos de *performance*, ou seja, enquanto o instrumento está sendo tocando, o barulho continua.

   Agora, marque a alternativa que apresenta a sequência obtida:
   a) V, V, V, F, F.
   b) F, V, V, F, V.
   c) V, F, V, F, V.
   d) F, F, V, V, F.
   e) V, V, F, V, F.

5. Assinale com V ou F as afirmações a seguir:
   ( ) Os instrumentos virtuais simulam timbres e articulações de instrumentos reais e são controlados por MIDI.
   ( ) Instrumentos virtuais nem sempre soam reais.

( ) As fabricantes pioneiras no desenvolvimento de instrumentos virtuais são a Steinberg e a Native Instruments.
( ) Exemplos de editores de áudio são o Adobe Audition e o Audacity.
( ) O Adobe Audition pode ser utilizado para remover ruídos ou imperfeições no áudio.

Agora, marque a alternativa que apresenta a sequência obtida:

a) F, F, F, F, F.
b) V, V, V, F, F.
c) V, F, V, F, F.
d) V, V, V, V, V.
e) F, V, V, F, F.

6. Assinale com V ou F as afirmações a seguir:
   ( ) *Softwares* de partitura servem para escrever, editar, escutar e exportar partituras por meio da notação musical tradicional e tendo como base a tecnologia MIDI.
   ( ) A comunicação entre o editor de partitura e uma DAW é possível, pois ambos utilizam MIDI.
   ( ) Exemplos de editores de partitura são Finale, Sibelius, MuseScore e Noteflight.
   ( ) Os editores de vídeo funcionam de maneira similar a uma DAW.
   ( ) *Overdub* é uma técnica utilizada na maioria dos vídeos de música atuais.

Agora, marque a alternativa que apresenta a sequência obtida:

a) V, V, V, V, V.
b) V, V, V, F, F.
c) V, F, V, F, F.
d) F, V, F, F, F.
e) F, V, V, F, F.

Treinando o repertório

Questões para reflexão

1. Considerando as diversas ferramentas para correção de *performance*, como Auto-Tune e Melodyne, e as várias possibilidades de edição de áudio e MIDI, entre outros, reflita: Quais são os pontos positivos e negativos dessas tecnologias? De que maneira elas impactam os artistas, os resultados fonográficos e a cultura musical em geral?

2. Para você, após o surgimento das tecnologias citadas na questão anterior, a essência da *performance* musical se manteve intacta? A experiência de ir a um *show* ou concerto ao vivo é a mesma?

Atividade aplicada: prática

1. Crie uma música com pelo menos quatro *plugins* e instrumentos virtuais abordados neste capítulo. Posteriormente, transcreva uma das partes para a partitura utilizando a função de exportação MIDI de sua DAW. Em seguida, grave e edite um clipe musical que demonstre os *softwares/plugins* e os processos utilizados, apresentando o resultado de sua produção.

CONSIDERAÇÕES FINAIS

Ao longo das páginas deste livro, tratamos dos principais assuntos relacionados aos recursos tecnológicos para produção musical em seus diversos segmentos. Em cada capítulo, enfocamos diferentes tópicos que se complementam e que permitem ao leitor – produtor musical, músico, engenheiro de mixagem ou aspirante a uma dessas funções – construir um conhecimento de base que é fundamental tanto para iniciantes como para profissionais experientes que podem ter lacunas em sua formação.

Compreender os fundamentos da acústica, a ciência do som, possibilita a compreensão do funcionamento da matéria-prima da música, assim como de suas características e de seus comportamentos de propagação. Esse conhecimento certamente se refletirá em todos os processos de criação e de manipulação do som para a obtenção da bela arte musical.

As tecnologias discutidas ao longo deste material revolucionaram a produção musical. Muitas delas representaram marcos importantíssimos na história da música desde o início do século XX, com a invenção do fonógrafo. Logo, compreender esse processo é essencial para o embasamento teórico do produtor musical, além de ser importante para entendermos nosso papel na história e, assim, promovermos a inovação na arte musical.

É necessário ressaltar, ainda, que as tecnologias são facilitadoras e oferecem possibilidades criativas, mas não substituem o ser humano fazendo música, especialmente na *performance* ao vivo. Com o advento e a recente popularização das ferramentas que utilizam inteligência artificial, devemos estar cientes de nossa responsabilidade ao utilizar tais alternativas.

LISTA DE SIGLAS

- ABNT – Associação Brasileira de Normas Técnicas
- ADSR – *attack, decay, sustain, release*
- ADT – *automatic double tracking*
- AES – Audio Engeneering Society
- CD – *compact disc*
- DAW – *digital audio workstation*
- DI – *direct input box*
- DRC – *dynamic range compressor*
- EDM – *electronic dance music*
- EMT – Elektromesstechnik
- EQ – equalização
- FET – *field effect transistor*
- GUI – *graphical user interface*
- HP – *hi-pass*
- IBM – International Business Machines Corporation
- IEM – *in-ear monitor*
- ITB – *in the box*
- LFO – *low frequency oscillator*
- LP – *long-play*
- LUFS – *loudness unit relative to full scale*
- MIDI – *musical instrument digital interface*
- MPEG – Moving Pictures Experts Group

- NAMM – National Association of Music Merchants
- OTB – *out of the box*
- PA – *public-address system*
- RCA – Radio Corporation of America
- RMS – *root mean square*
- SPL – *sound pressure level*
- SSD – *solid state drive*
- TAL – Togu Audio Line
- TRS – *tip-ring-sleeve*
- TS – *tip-sleeve*
- UHF – *ultra high frequency*
- USB – *universal serial bus*
- VCA – *voltage controled amplifier*
- VST – *virtual studio technology*
- VSTi – *virtual studio technology instrument*
- VU – *volume unit*
- WAV – *waveform audio file format*

REFERÊNCIAS

ABLETON. **Ableton Live 11**. Berlin, DE, 2021. Aplicativo.

ABLETON. **Live 11 System Requirements**. Disponível em: <https://www.ableton.com/en/trial/#system-requirements>. Acesso em: 4 mar. 2023.

ADOBE. **Adobe Audition**. San José, CA, 2022. Aplicativo.

ANOTHER PRODUCER. **Delay & Reverb Time Calculator**. Disponível em: <https://anotherproducer.com/online-tools-for-musicians/delay-reverb-time-calculator>. Acesso em: 4 mar. 2023.

APPLE INC. **GarageBand**. Cupertino, CA, 2022. Aplicativo.

APPLE INC. **Logic Pro**. Cupertino, CA, 2020. Aplicativo.

AUDACITY. **Audacity Reference Manual**. Disponível em: <https://manual.audacityteam.org/index.html>. Acesso em: 21 mar. 2023.

AVID. **Pro Tools**. Burlington, MA, 2021. Aplicativo.

BADER, R.; GERNET, S.; MISCHO, J. **Metamaterial Labyrinth Wall for Very Low and Broad-Band Sound Absorption**. Hamburg: University of Hamburg, 2020. Disponível em: <https://rolfbader.de/wp-content/uploads/2020/05/Bader_MetamaterialWall_Preprint.pdf>. Acesso em: 20 mar. 2023.

BANDLAB TECHNOLOGIES. **BandLab**. Singapura, SIN, 2022. Aplicativo.

BÍBLIA. Português. **Bíblia de Jerusalém**. São Paulo: Paulus, 2002.

BISTAFA, S. **Acústica aplicada ao controle de ruído**. São Paulo: Blucher, 2018.

BLACKMAGIC DESIGN. **DaVinci Resolve 16**. Port Melbourne, AU, 2019. Aplicativo.

BRANDÃO, E. **Acústica de salas**: projeto e modelagem. São Paulo: Blucher, 2018.

BROWN, G. **Digital Audio Basics**: Audio Sample Rate and Bit Depth. 9 May 2021. Disponível em: <https://www.izotope.com/en/learn/digital-audio-basics-sample-rate-and-bit-depth.html>. Acesso em: 23 mar. 2023.

BURGESS, R. J. **The History of Music Production**. Oxford: Oxford University Press, 2014.

CHAGOK, N. M. et al. Average Sound Absorption per Person at Octave Band Frequencies between 125Hz And 4000Hz in an Enclosure. **Journal of Natural Sciences Research**, v. 3, n. 2, p. 1-5, 2013. Disponível em: <https://www.arauacustica.com/files/publicaciones_relacionados/pdf_esp_329.pdf>. Acesso em: 2 mar. 2023.

COCKOS INCORPORATED. **Reaper**. São Francisco, CA, 2015. Aplicativo.

EMT 250 in action! Disponível em: <https://www.youtube.com/watch?v=ar5S2Hr6b6o>. Acesso em: 7 mar. 2023.

GRAMMY. **Producer Grammy® Award Eligibility Crediting Definitions**. 2008. Disponível em: <http://www2.grammy.com/PDFs/Recording_Academy/Producers_And_Engineers/Producer_Definitions.pdf>. Acesso em: 19 fev. 2023.

HABERMAN, M. R.; GUILD, M. D. Acoustic Metamaterials. **Physics Today**, v. 69, n. 6, 2016. Disponível em: <https://physicstoday.scitation.org/doi/10.1063/PT.3.3198>. Acesso em: 2 fev. 2023.

HAL LEONARD CORPORATION. **Noteflight**, Winona, MN, 2023.

HEFFNER, H. E.; HEFFNER, R. S. Hearing Ranges of Laboratory Animals. **Journal of the American Association for Laboratory Animal Science**, v. 46, n. 1, p. 20-22, 2007.

HICKS, M.; TYLER, M. **Audio Compression Basics**. Disponível em: <https://www.uaudio.com/blog/audio-compression-basics/>. Acesso em: 20 mar. 2023.

IK MULTIMEDIA. **Amplitube 4**. Modena, IT, 2015.

IMAGE-LINE. **Download the Time Unlimited Free Trial**: Windows – System Requirements. Disponível em: <https://www.image-line.com/fl-studio-download/>. Acesso em: 4 mar. 2023.

IZOTOPE. **Neutron 4**. Cambrige, MA, 2022. Aplicativo.

KHANDAMIAN, V.; KHASANOV, A. Building a Library of Samples (Kontakt) of The Uzbek Traditional Dutar. **Eurasian Music Science Journal**, n. 1, p. 45-52, 2021. Disponível em: <https://www.eamsj.uz/index.php/eamsjournal/article/view/53/46>. Acesso em: 2 mar. 2023.

KRK ROKIT 7 G4 RP7G4 vs Yamaha HS7 || Sound & Frequency Response Comparison. Disponível em: <https://www.youtube.com/watch?v=I2UK8sdbVLo>. Acesso em: 21 mar. 2023.

KVR AUDIO. **ChowPhaser**. Disponível em: <https://www.kvraudio.com/product/chowphaser-by-chowdhury-dsp>. Acesso em: 4 mar. 2023a.

KVR AUDIO. **Tal-Flanger**. Disponível em: <https://www.kvraudio.com/product/tal-flanger-by-togu-audio-line>. Acesso em: 4 mar. 2023b.

LANDR BLOG. **Types of Headphones**: the 6 Most Common Headphone Styles. 7 June 2021. Disponível em: <https://blog.landr.com/TYPES-OF-HEADPHONES/>. Acesso em: 19 fev. 2023.

LÉZIN, A. W. **The Effects of Distortion**: Investigating how Different Types of Distortion Affect Timbral Attributes and Subjective Preference. 68 f. Trabalho de Conclusão de Curso (Graduação em Técnico de Áudio) – Luleå University of Technology, Luleå, SE, 2020. Disponível em: <https://www.diva-portal.org/smash/get/diva2:1430978/FULLTEXT01.pdf>. Acesso em: 21 mar. 2023.

LUND, T. Audio for Mobile TV, iPad and iPod. **Revista da Set**, p. 84-96, 2013. Disponível em: <https://set.org.br/artigos/ed137/137_revistadaset_81.pdf>. Acesso em: 2 mar. 2023.

MANNING, P. **Electronic Music and Computer Music**. Oxford: Oxford University Press, 2013.

MCALLISTER, M. **What Is Spring Reverb?** 24 Feb. 2023. Disponível em: <https://producelikeapro.com/blog/spring-reverb/>. Acesso em: 20 mar. 2023.

MELDAPRODUCTION. **MCompleteBundle**. Praga, CZ, 2022. Aplicativo.

MELO, I. J. M. da S. R. de. **Produção de áudio em espetáculos ao vivo**: metodologia e recursos face à diversidade artística. 109 f. Dissertação (Mestrado em Artes Musicais) – Universidade de Lisboa, Lisboa, 2021. Disponível em: <https://run.unl.pt/handle/10362/123607>. Acesso em: 2 mar. 2023.

MESSITE, N. 10 Tips for Better Mixes Through Panning. **iZotope**, 15 jul. 2021. Disponível em: <https://www.izotope.com/en/learn/10-tips-for-better-mixes-through-panning.html>. Acesso em: 2 mar. 2023.

MICROSOFT. **Project Triton**: Immersive Sound Propagation for Games and Mixed Reality. Disponível em: <https://www.microsoft.com/en-us/research/project/project-triton>. Acesso em: 4 mar. 2023.

MOORE, A. **The Motivation behind the Use of Dynamic Range Compression (DRC) In Music Production and an Analysis of Its Sonic Signatures**. Allborg, DK, 2016. Disponível em: <https://core.ac.uk/download/pdf/74212148.pdf>. Acesso em: 2 mar. 2023.

MUSIC. **The Recording Academy**: Grammy. Disponível em: <https://music.us/supporters/recording_academy_grammy>. Acesso em: 20 mar. 2023.

PEJROLO, A.; METCALFE, S. **Creating Sounds from Scratch**: a Practical Guide to Music Synthesis for Producers and Composers. Oxford: Oxford University Press, 2017.

PLUGINBOUTIQUE. **Ambience**: Reverb by Smartelectronix. Los Angeles, Beatport Group, 2023. Aplicativo.

REWAK, M. **Should I Mix on Headphones or Speakers?** 5 May 2020. Disponível em: <https://splice.com/blog/mix-on-headphones-or-speakers/>. Acesso em: 21 mar. 2023.

ROGERSON, B. **Best DAWs 2023**: the Best Digital Audio Workstation for PC and MAC. 3 Feb. 2023. Disponível em: <https://www.musicradar.com/news/the-best-daws-the-best-music-production-software-for-pc-and-mac>. Acesso em: 21 mar. 2023.

RUSTBERGGAARD, B.; SVENDSEN, J.; LARSEN, R. **WeVideo**. Mountain View, CA, 2011.

SAGE AUDIO. **Understand Digital Distortion Types**. Disponível em: <https://www.sageaudio.com/blog/mastering/understand-digital-distortion-types.php>. Acesso em: 21 mar. 2023.

SENIOR, M. **Mixing Secrets for the Small Studio**. 2. ed. Nova York: Routledge, 2019.

SIQUEIRA, A. **Acústica**. Curitiba: InterSaberes, 2020.

SPOTIFY FOR ARTISTS. **Loudness Normalization**: How We Adjust Loudness. Disponível em: <https://artists.spotify.com/help/article/loudness-normalization>. Acesso em: 20 mar. 2023.

STARK, S. H. **Live Sound Reinforcement**: a Comprehensive Guide to P.A. and Music Reinforcement Systems and Technology. 9. ed. Tennessee: Artispro, 2004.

STROE, O. **Complete Overview and Analysis of an Electro-Luminescent Based Optical Cell**. 139 f. Dissertação (Mestrado em Pesquisa) – University of Huddersfield, Huddersfield, 2017. Disponível em: <https://core.ac.uk/download/pdf/159767821.pdf>. Acesso em: 20 mar. 2023.

SYNTHTOPIA. **Genki Instruments Wave Controller Gets New Software, More Affordable Pricing**. 22 Jan. 2020. Disponível em: <https://www.synthtopia.com/content/2020/01/22/genki-instruments-wave-controller-gets-new-software-more-affordable-pricing>. Acesso em: 20 mar. 2023.

TESLA, N. **Se você quiser...** Disponível em: <https://www.pensador.com/frase/MjIzMzM2Nw/>. Acesso em: 20 mar. 2023.

THE AUDACITY TEAM. **Audacity**. Oak Park, Michigan, MI, 2000.

THE AUDACITY TEAM. **Features**. Disponível em: <https://www.audacityteam.org/about/features/>. Acesso em: 21 mar. 2023.

THE FREE DICTIONARY. **XLR**. Disponível em: <https://acronyms.thefreedictionary.com/XLR>. Acesso em: 7 mar. 2023.

TRISMEGISTO, H. **Tudo tem fluxo...** Disponível em: <https://www.pensador.com/frase/MzIyMjQ3OQ/>. Acesso em: 20 mar. 2023.

VÄLIMÄKI, V. **History and Future of Audio Signal Processing**. Espoo, FL: Aalto University, 2019. Disponível em: <https://mycourses.aalto.fi/pluginfile.php/894778/mod_label/intro/L1-History.pdf>. Acesso em: 20 mar. 2023.

VÄLIMÄKI, V.; REISS, J. D. All about Audio Equalization: Solutions and Frontiers. **Journal of Applied Sciences**, v. 6, n. 5, 2016. Disponível em: <https://www.mdpi.com/2076-3417/6/5/129>. Acesso em: 2 mar. 2023.

VELARDE CHONG, N. A. **Percepción de la usabilidad pedagógica de un software de notación musical en estudiantes de pregrado de la especialidad de composición musical de la carrera de música de una institución educativa privada de nivel superior**. 68 f. Dissertação (Mestrado em Integración e Innovación Educativa de las Tecnologías de la Información y la Comunicación) – Pontificia Universidad Católica del Perú, Lima, 2021. Disponível em: <https://tesis.pucp.edu.pe/repositorio/bitstream/handle/20.500.12404/19580/VELARDE_CHONG_NILO_AUGUSTO.pdf?sequence=1&isAllowed=y>. Acesso em: 2 mar. 2023.

VIEIRA, J. L.; MICALES, M. L. V. (Ed.). **O Caibalion**: um estudo da filosofia hermética do antigo Egito e da Grécia. São Paulo: Mantra, 2019.

WANG, J.; PUEL, J.-L. Presbycusis: an Update on Cochlear Mechanisms and Therapies. **Journal of Clinic Medicine**, v. 9, n. 1, 2020. Disponível em: <https://www.ncbi.nlm.nih.gov/pmc/articles/PMC7019248/>. Acesso em: 2 mar. 2023.

WAVES. **Kramer Master Tape**. Tel Aviv, IL, 2012. Aplicativo.

WESTERN ELECTRIC COMPANY. **Program Amplifier 110A**. 1937. Disponível em: <https://worldradiohistory.com/Archive-Catalogs/Western-Electric/Western-Electric-110A-Program-Amp-1937.pdf>. Acesso em: 20 mar. 2023.

WHITE, P. **Choosing the Right Reverb**. 2006. Disponível em: <https://www.soundonsound.com/techniques/choosing-right-reverb>. Acesso em: 20 mar. 2023.

WILMERING, T. et al. A History of Audio Effects. **Journal of Applied Sciences**, v. 10, n. 3, 2020. Disponível em: <https://www.mdpi.com/2076-3417/10/3/791>. Acesso em: 2 mar. 2023.

WINER, E. **The Audio Expert**. New York: Routledge, 2018.

YAZICI, B.; GÜL, Z. S. Biomimetic Metamaterial Design Simulation and Evaluation for Building Acoustics by Impedance Measurements. **Journal of Testing and Evaluation**, v. 49, n. 5, 2021.

YOULEAN. **Youlean Loudness Meter 2**. Disponível em: <https://youlean.co/youlean-loudness-meter>. Acesso em: 4 mar. 2023.

YUN, Y.; CHA, S.-H. Designing Virtual Instruments for Computer Music. **International Journal of Multimedia and Ubiquitous Engineering**, v. 8, n. 5, p. 173-178, 2013. Disponível em: <https://gvpress.com/journals/IJMUE/vol8_no5/16.pdf>. Acesso em: 21 mar. 2023.

ZÖLZER, U. **DAFX**: Digital Audio Effects. Inglaterra: Wiley & Sons, 2002.

BIBLIOGRAFIA COMENTADA

BURGESS, R. J. **The History of Music Production**. Oxford: Oxford University Press, 2014.

> Nessa obra, o autor narra a história da produção musical (não apenas eletrônica), abordando os princípios da música e citando até Pitágoras. Richard James Burgess apresenta uma grande contextualização social e cultural de cada época, aprofundando-se nos temas e destacando personagens importantes para a indústria.

MANNING, P. **Electronic Music and Computer Music**. Oxford: Oxford University Press, 2013.

> Esse livro mostra a história da música eletrônica feita por computador desde o século XIX, apresentando a evolução dos instrumentos eletrônicos e seu impacto no contexto musical de cada época. O autor já havia escrito outras versões desse livro na década de 1980, então essa edição basicamente consiste em um compilado das versões anteriores com a atualização das tecnologias utilizadas até o ano de 2013.

PEJROLO, A.; METCALFE, S. **Creating Sounds from Scratch**: a Practical Guide to Music Synthesis for Producers and Composers. Oxford: Oxford University Press, 2017.

> Um dos mais completos livros sobre síntese sonora já lançados, essa obra apresenta conceitos muito bem explicados, com exemplos e didática excelentes, além de amplo embasamento teórico. A história dos sintetizadores também é discutida em detalhes.

SIQUEIRA, A. **Acústica**. Curitiba: InterSaberes, 2020.

> Trata-se de um excelente livro sobre acústica, que apresenta, de forma leve, um profundo conhecimento sobre o tema. O autor estabelece um diálogo com diferentes interfaces, como música, engenharia e história. É uma obra didática, que conta com exemplos do cotidiano e ilustrações que simplificam conceitos complexos.

WINER, E. **The Audio Expert**. New York: Routledge, 2018.

> Essa obra consiste em um compilado sobre áudio e tecnologias que, além de explicar tudo sobre o áudio e seu funcionamento, também apresenta conceitos relativos à eletrônica dos equipamentos, a aspectos físicos de instrumentos musicais, a pistas auditivas perceptíveis etc. É de autoria do músico, programador, engenheiro de gravação e mixagem, compositor/arranjador e professor universitário Ethan Winer.

RESPOSTAS

Capítulo 1
Atividades de autoavaliação

1. e
2. c
3. c
4. a
5. c

Capítulo 2
Atividades de autoavaliação

1. c
2. d
3. e
4. a
5. d

Capítulo 3
Atividades de autoavaliação

1. c
2. a
3. b

4. e
5. a

Capítulo 4
Atividades de autoavaliação

1. e
2. d
3. d
4. a
5. b
6. a

Capítulo 5
Atividades de autoavaliação

1. c
2. b
3. e
4. b
5. e

Capítulo 6
Atividades de autoavaliação

1. b
2. c
3. d
4. c
5. d
6. a

SOBRE O AUTOR

Luiz Carlos Martins Loyola Filho, conhecido como Luiz Barone, nasceu em 1988 e é músico, produtor musical, professor, pesquisador, autor de livros e desenvolvedor de aplicativos nas áreas de música e educação musical.

Docência e pesquisa

Iniciou sua carreira como professor ainda na adolescência, aos 12 anos de idade, ensinando violão e guitarra para colegas de escola, parentes e pessoas indicadas. Mais tarde, ao ingressar no curso de Licenciatura em Música da Universidade Federal do Paraná (UFPR), tornou-se professor em um clube tradicional de Curitiba (PR). Lecionou em diversas escolas de música da cidade. Após a conclusão da licenciatura, ingressou no Mestrado em Educação Musical e Cognição, também na UFPR, onde fez estágio e, depois, tornou-se professor do Curso de Licenciatura em Música (Parfor).

Posteriormente, foi convidado para lecionar no Centro Universitário Internacional Uninter, produzindo videoaulas e material didático para disciplinas de produção musical, bem como o presente livro. Paralelamente, foi contratado pela Pontifícia Universidade Católica do Paraná (PUCPR) para integrar o colegiado do curso de Produção Musical da instituição.

Como pesquisador, é autor de artigos publicados em revistas e em anais de eventos de abrangência nacional e internacional

(Simcam, Anppom). É autor do livro *Leitura de partitura com o método O Passo*, fruto de sua dissertação de mestrado. Participou de grupos de pesquisa tais como o de Processos Formativos e Cognitivos em Educação Musical (Profcem), da UFPR, e é membro do grupo de pesquisa e criação musical Onloop Research, da PUCPR.

É o criador da notação musical *Ritmosphere*, que dá nome ao *game mobile* lançado em 2017 e que conta com milhares de jogadores de vários países do mundo. A notação musical e o *game* trouxeram inovação para a educação musical e os jogos de música. Atualmente, o Ritmosphere foi lançado com o nome de Beat Jump e está disponível para iOS e Android.

Também desenvolveu diversos cursos *on-line* sobre produção musical, síntese sonora, teoria musical, mixagem, *remakes*, FL Studio, entre outros temas. É reconhecido oficialmente pela Image-Line como professor da DAW FL Studio.

Músico e produtor musical

Desde os 11 anos, é guitarrista e violonista, com atuação nos mais diversos contextos: bandas de variados gêneros (*pop/rock*, *reggae*, "banda baile", axé, sertanejo, *jazz big bands*, metal). Iniciou na produção colaborando com projetos de amigos e de bandas das quais participou, inclusive como compositor. No desenvolvimento do Ritmosphere, produziu as 18 músicas do modo carreira do *game*. Posteriormente, foi contratado como produtor musical da Opala Studios, empresa de aplicativos de Curitiba que já gerou mais de 100 milhões de *downloads*, com usuários de todo o mundo. Nesse período, produziu mais de 300 músicas para a empresa e *freelances* de *games*, entre outros contextos. Os conteúdos incluíam *remakes*, *remixes*, trilhas autorais, *sound effects* etc. para os seguintes aplicativos e *games*: Super Pads; Super Pads Lights; Super Drum; Infinite Tiles; Kondzilla Super Pads; Beat Jump; Under Domain (game Sci-fi para PC).

Desenvolvedor

Barone iniciou no desenvolvimento de *games* em 2014, quando idealizou e criou o primeiro protótipo do Ritmosphere. Foram várias versões-protótipo desse *game* até chegar à versão lançada em 2017, em parceria com uma empresa de desenvolvimento do Paraná. Elaborou diversos *games* e aplicativos de música, entre outros estilos. Desenvolve nas *engines* Unity e Construct.

Impressão:
Agosto/2023